MEDITAÇÕES

GEORGE W. CHRYSTAL
Professor da Cátedra Warner
– Universidade Balliol, Oxford

MARCO AURÉLIO

MEDITAÇÕES

NOVA VERSÃO COM BASE NA
TRADUÇÃO DE FOULIS DE 1742

Tradução:
Laura Gillon

Principis

Esta é uma publicação Principis, selo exclusivo da Ciranda Cultural

Traduzido do inglês
The meditations of the emperor Marcus Aurelius Antoninus

Texto
Marco Aurélio

Tradução
Laura Gillon

Revisão
Fernanda R. Braga Simon
Agnaldo Alves

Diagramação
Fernando Laino

Produção editorial e projeto gráfico
Ciranda Cultural

Imagens
pavila/Shutterstock.com;
Apostrophe/Shutterstock.com;
Daniela Pelazza/Shutterstock.com

Traduzido a partir da versão em inglês de George W. Chrystal, professor da Cátedra de Warner, da Universidade de Balliol, Oxford.

Dados Internacionais de Catalogação na Publicação (CIP) de acordo com ISBD

A927m Aurélio, Marco

Meditações / Marco Aurélio ; traduzido por Laura Gillon. - Jandira, SP : Principis, 2020.
128 p. ; 15,5cm x 22,6cm. - (Literatura Clássica Mundial)

Tradução de: The meditations of the emperor Marcus Aurelius Antoninus
Inclui índice.
ISBN: 978-65-5552-205-1

1. Literatura grega. 2. Marco Aurélio. 3. Filosofia. I. Gillon, Laura. II. Título. III. Série.

CDD 883
2020-2636 CDU 821.14'02-3

Elaborado por Vagner Rodolfo da Silva - CRB-8/9410

Índice para catálogo sistemático:
1. Literatura grega 883
2. Literatura grega 821.14'02-3

1ª edição em 2020
www.cirandacultural.com.br

SUMÁRIO

IMP·CAES·DIVI·ANTONINI·F·DIVI·HADRIANI

Livro I

1. Com meu avô Vero, aprendi a ter boas maneiras e a controlar a raiva. 2. Com as notáveis lembranças do meu pai, obtive um modelo de humildade e coragem. 3. Com minha mãe, aprendi a ser religioso e generoso e a não somente evitar fazer o mal, mas também a pensar nele; a viver com simplicidade, algo nada costumeiro entre os abastados. 4. Graças ao meu bisavô, não assisti a palestras e debates públicos, mas tive professores bons e competentes em casa; também devo a ele o entendimento de que, para esse fim, deve-se gastar sem fazer economia.

5. Meu professor ensinou-me a não escolher o verde ou o azul[1] nas corridas de carruagens ou nas competições de gladiadores e a apoiar as armas leves ou pesadas[2]. Ensinou-me também a suportar o trabalho árduo, a não precisar de muitas coisas, a atender minhas necessidades sem incomodar os outros, a não interferir nos negócios de terceiros e a não dar ouvidos a calúnias contra eles.

1 As cores usados pelos aurigários, que eram os condutores dos carros nas corridas.

2 Nos combates, os gladiadores trácios usavam escudos redondos leves. Os samnitas, por sua vez, usavam escudos retangulares pesados.

6. Com Diogneto aprendi a não me ocupar com coisas inúteis, não dar crédito aos grandiosos profissionais que alegam feitos extraordinários, ou aos magos que falam de seus encantamentos e poderes de afastar demônios e similares; a não criar codornas (para fins de disputa ou adivinhação), a não guiar-me por tais coisas; a aceitar a liberdade de expressão de outrem e a dedicar-me de alma à filosofia. A ele também sou grato pelo acesso a Báquio, Tandasis e Marciano, por ter escrito diálogos na minha infância e preferir o leito e os lençóis do filósofo e as outras coisas que, pela disciplina grega, fazem parte de tal ofício.

7. A Rústico devo as primeiras percepções de que minha natureza necessitava de reforma e cura e de que não me deixei levar pela ambição sofista, seja pela composição de escritos especulativos, seja pela declamação de discursos de exortação em público; além disso, devo-lhe nunca ter-me esforçado para ser admirado pela ostentação de grande paciência em uma vida asceta ou de atividade e dedicação; ter desistido do estudo da retórica, da poesia e do linguajar rebuscado; e de não circular pela casa em trajes do Senado ou assumir qualquer atitude presunçosa similar. Também pude observar o estilo simples de suas cartas, especialmente na escrita de Sinoessa para minha mãe. Com ele aprendi a apaziguar-me com facilidade, reconciliando-me prontamente com aqueles que me desagradassem ou ofendessem, assim que estivessem dispostos a fazer a paz; a ler com atenção; a não me dar por satisfeito com o conhecimento insignificante e superficial; nem a concordar rapidamente com os grandes oradores. Agradeço-lhe por ter-me apresentado aos textos de Epicteto, com um exemplar de sua própria biblioteca.

8. Apolônio ensinou-me a verdadeira liberdade e tenacidade de propósitos; a desconsiderar o resto, mesmo mínimo, que não fosse a razão; e a sempre manter-me imparcial diante das dores agudas, das perdas de filhos ou doenças de longa duração. Ele ofertou-me um exemplo vivo de como um mesmo homem pode, dependendo da ocasião, ser mais condescendente ou inflexível. Ele era paciente ao

explicar, e é importante notar que estimava sua habilidade notável para ensinar aos outros os princípios da filosofia, um dos seus mais modestos dons. Com ele aprendi a receber favores dos amigos sem parecer humilhado pelo ofertante ou insensível ao que recebia.

9. Sexto foi meu modelo de bom temperamento, e sua família, de um núcleo governado pela verdadeira afeição paternal e um objetivo firme de viver em harmonia com a natureza. Pude aprender a ser firme sem mostrar presunção; a observar com sagacidade as várias disposições e tendências dos meus amigos; a tolerar o ignorante e os que seguem opiniões sem analisá-las. Seu diálogo mostrava como um homem pode acostumar-se com todos os outros; embora seu companheirismo fosse mais doce e agradável do que qualquer espécie de adulação, ele sabia ser ao mesmo tempo altamente respeitado e reverenciado. Nenhum homem obteve mais sucesso do que ele ao compreender, descobrir e reorganizar em ordem precisa os grandes princípios essenciais para conduzir a vida. Seu exemplo ensinou-me a suprimir até o menor indício de ira ou qualquer outra paixão, porém, ainda assim, com toda a sua tranquilidade irretocável, a ser dono do coração mais doce e afável; a estar disponível para aprovar o próximo, mesmo que sem alarde; a aprender muito ostentando pouco.

10. Aprendi com Alexandre, o gramático, a evitar a censura ao próximo e também a não zombar dele por um barbarismo, erro gramatical ou falha de pronúncia, mas, com habilidade, pronunciar corretamente as palavras, a título de resposta, aprovação ou objeção sobre o assunto, evitando discussões sobre a expressão, ou utilizar alguma forma alternativa de sugestão cordial.

11. Fronto ensinou-me que a inveja, a falsidade e a hipocrisia circundam os príncipes e que, em geral, aqueles que acreditamos ser nascidos na nobreza nutrem, de alguma maneira, menos afeições naturais.

12. Com Alexandre, o platônico, aprendi a não dizer ou escrever com frequência ou sem necessidade para qualquer pessoa que estou ocupado

nem, sob qualquer pretexto ou questões de urgência, me esquivar rotineiramente dos deveres que assumi com os que convivem comigo.

13. Catulo mostrou-me que não devo condenar repreensões de algum amigo, mesmo que injustas, mas tentar lembrar-lhe de sua disposição prévia; a falar dos meus mestres sem poupar exaltações, relembrando Domício e Atenodoro; e a amar meus filhos com autêntica afeição.

14. Com meu irmão Severo aprendi o amor por meus familiares, pela verdade, pela justiça. Por seu intermédio conheci Trásio, Helvídio, Catão, Dion e Brutus. Severo mostrou-me a primeira concepção de comunidade democrática com base em leis de equidade, administrada com igualdade de direitos, e de uma Monarquia cujo principal objetivo é a liberdade de seus integrantes. Com ele, ainda, aprendi uma devoção constante e harmoniosa à filosofia; a disposição para o bem, para a generosidade de todo o meu coração. Instruiu-me a ser esperançoso e digno da afeição dos meus amigos. Nele pude observar a integridade ao declarar o que desaprovava na conduta de outrem. Tão honesto e aberto era seu comportamento que seus amigos conseguiam vislumbrar com clareza do que ele gostava e desgostava.

15. Os conselhos de Máximo ensinaram-me o autocontrole, a clareza de julgamento, a coragem durante as doenças e outros infortúnios; a ser moderado, gentil, embora sério, e a cumprir minhas tarefas sem queixas. Todos os homens acreditavam que ele falava o que pensava; e sabiam que ele fazia tudo com boas intenções. Jamais o vi surpreendido ou chocado com algo. Ele nunca estava com pressa, nem seus propósitos ficavam diminuídos, nunca ficava perdido ou desanimado. Não sorria com facilidade, mas também não era impetuoso ou desconfiado. Estava disposto a praticar o bem, perdoar e falar a verdade; aparentava uma retidão inabalável, e não um caráter corrigido com o tempo. Nenhum homem poderia ver-se desprezado por Máximo, e ninguém jamais ousaria imaginar-se melhor que ele, que também era dotado de bom humor.

16. De meu pai recebi a gentileza e a constância inabalável nos julgamentos feitos após ponderação; a não vangloriar-me e a ser trabalhador e assíduo. Ele ensinou-me a prestar atenção a qualquer homem que oferecesse qualquer coisa voltada para o bem comum; a ofertar justiça imparcial para todos; a entender quando aplicar severidade ou clemência; a abster-me de todas as luxúrias impuras e a tratar todos os homens com humanidade. Assim, ele deixou seus amigos livres para acompanhá-lo ou não às refeições; viajar com ele ou não. Ele continuava a ser o mesmo homem, caso alguma questão urgente os impedisse de obedecer aos seus comandos. Com ele aprendi a minúcia e a paciência em reuniões, já que ele nunca abandonava um debate satisfeito apenas com as primeiras impressões. Notei seu zelo para com os amigos, sem ser volúvel ou excessivamente afetuoso; seu contentamento em todas as condições; sua alegria; sua prudência prévia nos eventos futuros; seu cuidado despretensioso com cada mínimo detalhe; sua restrição a qualquer aplauso popular ou lisonja para si. Sempre atento às questões do Império, um zeloso administrador dos recursos públicos, era tolerante com a censura de terceiros em assuntos deste tipo. Não era nem adorador supersticioso dos deuses nem um adulador ambicioso dos homens, tampouco um estudioso da popularidade, mas sóbrio e constante em todas as coisas, muito habilidoso no que era honroso, jamais deixando-se afetar. Quanto às coisas que facilitam a vida, que a fortuna pode proporcionar em tal abundância, ele delas fazia uso sem ostentação, embora com toda liberdade; delas desfrutava sem tornar-se arrogante quando delas dispunha e, quando lhe faltavam, ele não sentia falta. Ninguém poderia chamá-lo de sofista, bufão ou pedante. Era um homem experiente, pleno, que não poderia ser adulado, capaz de governar a si próprio e aos outros. Observei também que ele honrava todos os verdadeiros filósofos, sem censurar os outros ou deixar-se desviar de seu caminho por eles. Suas maneiras eram gentis, sua conversa, agradável, nada enfastiante. Ele cuidava do corpo com

regularidade e moderação, não sendo vaidoso em relação à sua vida ou seus atributos físicos, mas também não os desprezando. Assim, raramente necessitou de remédios, fossem eles unguentos ou poções. Era seu mérito especial ceder sem inveja a qualquer um que houvesse adquirido alguma capacidade especial, como eloquência, conhecimentos da lei, de costumes antigos ou algo no gênero; e ajudava essas pessoas com vigor, para que cada uma delas pudesse ser vista e estimada por suas qualidades especiais. Ele observava cuidadosamente os hábitos antigos de seus antepassados e preservava, sem afetação, os costumes de sua terra nativa. Não era volúvel ou caprichoso e não gostava de mudar de local de trabalho. Após fortes crises de dor de cabeça, retornava refeito e vigoroso para seus afazeres habituais. Tinha poucos segredos, raros e ligados às questões públicas. Era discreto e moderado em apresentações para o divertimento da população, em seus trabalhos públicos, donativos e afins, e em todos agia como alguém que via somente o que era correto e apropriado, e não a reputação posterior. Nunca se banhava em horários inadequados, não era afeito a edificações, nunca foi exigente em relação à comida ou tecidos e cores de suas vestimentas, ou, ainda, à beleza de seus empregados. Suas roupas vinham de Lório, sua residência no litoral, e quase todas eram de lã da Lanúvia. Em Túsculo, um coletor de impostos pediu absolvição, e seu comportamento em relação ao fato não foi desumano, implacável ou violento; nunca fazia algo com tal ânsia que chegasse a transpirar. Sobre todas as coisas, ponderava claramente, como alguém descansando, calma, regular, resoluta e consistentemente. A ele poderia ser aplicado o que se lembra de Sócrates: era capaz tanto de abster-se quanto de desfrutar de tais coisas diante de cuja falta grande parte das pessoas se enfraquece e, ao delas desfrutar, não tem moderação. Sabia conservar-se forte na falta e equilibrado ao apreciar; a ser sóbrio em ambos. São qualidades de um ser de alma perfeita e invencível, como foi revelado na doença de Máximo.

17. Aos deuses devo meus bons avós, pais, irmã, professores, serviçais, parentes e quase todos os amigos. Sou-lhes grato pelo fato de nunca, precipitadamente e por impulsividade, ter ofendido a algum deles, embora tal fosse meu temperamento, que eu poderia tê-lo feito se a ocasião tivesse se apresentado. No entanto, por bondade dos deuses, isso não aconteceu. Também sou-lhes grato pelo fato de não mais ter sido educado pela concubina de meu avô, por ter mantido minha modéstia e por ter evitado até mais do que necessário os prazeres do amor. Graças aos deuses, vivi sob o comando de tal governo e pai que afastaram de mim toda a vaidade vã e convenceram-me de que não era impossível que um príncipe vivesse na corte sem guardas, roupas maravilhosas, tochas, estátuas ou similares em magnificência; um príncipe deve ser quase um indivíduo comum, sem se rebaixar ou negligenciar os assuntos públicos, nos quais o poder e a autoridade são essenciais. Agradeço aos deuses por ter um irmão cuja disposição fez-me cuidar de mim mesmo, enquanto, ao mesmo tempo, encantava-me com seu respeito e amor. Agradeço aos deuses pelo fato de que meus filhos eram indiferentes aos grandes talentos naturais, nem tiveram deformidades em seus corpos. Devo à boa orientação dos deuses não ter feito grande progresso em retórica ou poesia, além de outros estudos que poderiam ter ocupado minha mente caso eu tivesse sido bem-sucedido. Pela graça dos deuses, antecipei os desejos daqueles por quem fui criado, fazendo o que pareciam desejar; e eu não frustrei suas expectativas contando com o fato de que, por serem apenas jovens, eu poderia fazê-lo no futuro. Graças aos deuses, conheci Apolônio, Rústico e Máximo; tive oportunidade, com frequência e eficácia, de meditar e indagar sobre o que realmente é a vida de acordo com a natureza. E, até onde os deuses foram capazes de oferecer sugestões, ajuda ou inspiração, não há nada que me impeça de já tê-la realizado. Se dela me afastei, foi por minha própria culpa e por não ter atentado para as advertências internas e instruções praticamente diretas dos deuses, a quem devo o fato de meu

corpo ter resistido a tal estresse da vida que vivi. Por sua bondade, nunca estive ligado a Benedicta ou Teodoto; e, no fim, quando me deixei levar por loucas paixões, logo fui curado. Nunca fiz algo a ele de que precisasse arrepender-me; que, embora minha mãe estivesse destinada a morrer jovem, ela tenha vivido comigo durante seus últimos anos. Sempre que eu estava inclinado a socorrer os pobres ou desesperados, nunca ouvi que não havia dinheiro para isso, e eu mesmo nunca precisei do socorro de terceiros. Devo ser grato, também, por uma esposa tão obediente, amorosa, ingênua; por ter tido a opção de escolher homens adequados para os quais entreguei a educação de meus filhos. Recebi auxílio divino em sonhos, quando, por exemplo, cuspi sangue e curei minhas vertigens; a boa sorte chegou alegremente para mim em Cajeta. Os deuses também cuidaram de mim quando comecei a estudar Filosofia, pois não caí nas mãos de sofistas nem passei muito tempo lendo ou dedicando-me a solucionar silogismos ou, ainda, analisando os fenômenos celestes. Todas essas coisas aconteceram assim por sorte e pela ajuda dos deuses.

No país dos quados, perto do Granua.

Fim do Primeiro Livro

Livro II

1. Diz o seguinte para ti mesmo pela manhã: Hoje verei intrometidos, ingratos, insolentes, astutos, invejosos e egoístas. Todos esses vícios os perturbam, por não conhecerem o bem e o mal. Eu, todavia, contemplei a natureza do bem e o considerei belo; contemplei a natureza do mal e o considerei feio. Também compreendo a natureza do praticante do mal e sei que ele é meu irmão, não por compartilhar comigo do mesmo sangue ou da mesma semente, mas por ser um participante da mesma ideia e da mesma porção de imortalidade. Portanto, não posso ser prejudicado por algum deles, já que nenhum me pode envolver com o que é vil. Não posso ficar com raiva do meu irmão e manter-me à parte dele, já que somos forjados pela natureza para ajudar-nos mutuamente, como os pés, as mãos, as pálpebras, as fileiras superior e inferior dos dentes. É antinatural que os homens se oponham uns aos outros. Tal oposição nada mais é do que ódio e aversão.

2. Sou carne, sopro de vida e fio condutor. Afasta-te dos teus livros, não te distraias mais, pois não tens tal direito. Como alguém prestes a morrer, despreza esta carne, estes ossos e este sangue corrompidos, esta textura de nervos, veias e artérias. Lembra-te, também, de que o sopro

de vida é feito apenas de ar, sempre mudando, sendo expelido e inalado novamente a cada instante. A terceira é a parte que comanda, portanto presta atenção, agora que estás mais velho, para que não seja escravizada; que não seja mais manipulada como marionete por cada impulso egoísta. Não te lamentes pelo que o destino envia, nem receies o que pode acontecer no futuro.

3. Quaisquer que sejam os comandos dos deuses, eles estarão sempre repletos de sábias antecipações. Os movimentos do acaso não estão isolados da natureza nem sem conexão ou entrelaçamento com os desígnios da Providência. Ela é a fonte de todas as coisas; além disso, existem a necessidade e a utilidade do universo do qual fazes parte. Para cada parte do ser humano, existe o bem que nasce da natureza do todo e tende a preservá-la. A ordem da natureza é preservada nas mudanças dos elementos e das coisas que a compõem. Que seja suficiente e que tua crença seja imutável. Abandona tua sede por livros, para não morreres aos resmungos, mas com humildade e verdadeira gratidão para com os deuses.

4. Pensa na tua longa procrastinação e nas inúmeras oportunidades que os deuses te deram e foram desperdiçadas. Certamente, é hora de entender o universo do qual fazes parte e o governante deste universo, de quem tu emanas; que foi estabelecido um limite para os teus dias e que, se não os utilizar para teu próprio esclarecimento, eles partirão, assim como tu partirás, para nunca mais retornarem.

5. Esforça-te sinceramente a cada hora, como um romano e um ser humano, para executar o que chegar às tuas mãos com dignidade impecável, generosidade, liberdade e justiça, e liberta tua alma de qualquer outro pensamento. Alcançarás tal objetivo se executares cada tarefa como se fosse a última, sem teimosia ou qualquer aversão passional ao que a razão aprova; sem hipocrisia ou egoísmo, ou, ainda, descontente com os caminhos da Providência. Verás quão poucas coisas precisam ser aprendidas para que um homem possa ter uma vida tranquila,

respeitando a Deus, pois daquele que se atém a tais princípios nada mais exigem os deuses.

6. Continua, continua, oh alma minha, a afrontar e desonrar a ti mesma! O tempo restante para honrar-te será pouco. A vida de cada homem é breve, e a tua está quase no fim, não honrando a ti mesma, mas em busca da tua felicidade nas almas de outros homens.

7. Se o que acontece por aí te distrai, permita-te descansar, então, para adicionar algo de bom ao teu conhecimento; acaba com a hesitação e evita o outro erro, já que os frívolos também, por suas atividades, exaurem-se ao longo da vida e não têm objetivo determinado para o qual direcionar seus desejos e projetos.

8. Dificilmente não examinar o que vai pela mente de outros resulta em infelicidade, porém aquele que não observa com atenção o movimento de sua própria alma será infeliz.

9. Lembra-te sempre de como é a natureza do universo, a tua própria e de como estão ligadas. Lembra-te da parte das tuas qualidades que compõe as qualidades do todo e de que nenhum homem pode impedir-te de falar e agir sempre de acordo com esta natureza da qual és parte.

10. Ao comparar os pecados como são comparados comumente, Teofrasto faz a verdadeira distinção filosófica, de que aqueles cometidos por prazer são mais abomináveis do que os resultantes da paixão. Aquele que é escravo das paixões desliga-se claramente da razão por meio de algum espasmo e convulsão que o dominam inesperadamente. Entretanto, aquele que peca por desejo é conquistado pelo prazer, então parece mais imoderado e fraco em relação ao seu vício. Assim, merecidamente e com um espírito verdadeiramente filosófico, ele diz que o pecado pelo prazer é mais pernicioso do que o pecado pela dor. Neste último, o pecador sofreu e foi conduzido à paixão por suas transgressões, enquanto o primeiro optou por pecar por iniciativa própria e foi conduzido às más atitudes por sua própria luxúria.

11. Que cada ação, cada palavra, cada pensamento teu ocorram quando estiveres consciente de que teus dias podem ter fim a qualquer momento. Se realmente existirem deuses, partir deste mundo de humanos não é ruim. Os deuses não te prejudicariam de forma alguma. Caso eles não existam, ou se não estiverem preocupados com as coisas humanas, por que desejar viver num mundo sem Providência Divina? Entretanto, existem deuses, e certamente eles estão envolvidos nas questões humanas e deixam tudo nas mãos dos homens para que eles não se voltem para males verdadeiros. Se houvesse algum mal, os deuses teriam dado ao homem o poder de evitá-lo. Como o que não corrompe o homem pode tornar sua vida pior? A natureza, no comando de tudo, não seria ignorante ou impotente a ponto de omitir-se de impedir ou reparar tais coisas. Ela não poderia nos falhar tão completamente a ponto de, pelo desejo de poder ou de habilidade, o bem e o mal acontecerem promiscuamente da mesma maneira para os bons ou os maus. A morte e a vida, a glória e a desgraça, a dor e o prazer, a riqueza e a pobreza, tudo acontece igualmente para os bons ou os maus. Entretanto, como eles não são nobres ou dignos de vergonha, também não são bons ou maus.

12. É função da nossa capacidade racional aprender com que rapidez tudo se esvai; como as formas corpóreas são consumidas no mundo material e sua memória parte com as marés dos anos. Assim são todas as coisas sensíveis, especialmente aquelas que nos seduzem pelo prazer ou nos apavoram pela dor ou, ainda, aquelas que a vaidade alardeia em nossos ouvidos. Como são inferiores, desprezíveis, sórdidas, perecíveis e mortas! Quem são aqueles cujas opiniões e vozes transmitem fama? O que é morrer? Se pensarmos sobre a morte isoladamente e a separarmos de sua pompa espectral, nada mais veremos do que um trabalho da natureza. Temer a ação da natureza é infantil, e este, na verdade, não é apenas o trabalho da natureza, mas algo que a beneficia. A razão explica como o homem chega a Deus, por meio de qual parte e qual é a condição dessa parte.

13. Diz o poeta que nada é mais miserável do que percorrer todas as coisas, espionar as profundezas da terra e sondar, por conjecturas, as almas dos que nos circundam e, ainda assim, não se dar conta de que basta a um homem dedicar-se à divindade que está dentro dele. E a adorá-la genuinamente. Tal adoração ocorre mantendo-a pura, afastada de cada paixão e insensatez, e também do descontentamento com relação ao que foi feito pelos deuses ou pelos homens. O trabalho dos deuses é serem reverenciados por sua excelência. O trabalho dos homens deveria ser caro por originar-se da mesma espécie, ou digno de pena, como às vezes sentimos, por sua falta de conhecimento do bem e do mal. E os homens não são menos deformados por tal defeito do que o são por seu desejo de poder de separar o branco do preto.

14. Mesmo que vivas três mil anos ou mais, lembra-te ainda de que ninguém perde outra vida a não ser a que vive agora, tampouco vive qualquer outra vida além da que está agora a ponto de perder. As mais longas e as mais breves vidas assumem um só efeito. O momento presente é o mesmo para todos, e suas perdas, portanto, são iguais, pois está claro que o que se perde na morte nada mais é do que um breve instante no tempo. Ninguém pode perder o passado ou o futuro, pois como pode alguém ser destituído do que não possui? Essas duas coisas devem, portanto, ser lembradas: a primeira, todas as coisas sucedem repetidamente em ciclos e são as mesmas de sempre, portanto não importa se alguém irá contemplá-las por cem ou por duzentos anos ou, ainda, infinitamente; segundo, quem vive mais e quem morre mais cedo sofrem a mesma perda na morte. O momento presente é o que lhes é tirado, já que é tudo de que dispõem. Nenhum homem pode ser roubado de algo que não possui.

15. Nada existe além de opinião. As objeções a este dito de Mônimo, o cínico, são óbvias, mas também é óbvia a utilidade do que ele disse, se aceitarmos a afirmação no limite do que consideramos verdadeiro.

16. A alma humana desonra a si própria, principalmente quando faz todo o possível para tornar-se uma excrescência, como se fosse um

abscesso no universo. Aborrecer-se com qualquer evento específico é revoltar-se contra as leis gerais da natureza, que abarcam a ordem de todos os eventos. Mais uma vez, é uma desonra para a alma quando ela sente aversão por qualquer pessoa e confronta-a com o objetivo de feri-la, como o fazem os homens coléricos. Terceiro, a alma afronta a si mesma quando conquistada pelo prazer ou pela dor. Quarto, quando ela faz ou diz algo hipócrita, dissimulado. Quinto, quando não conduz a um objetivo adequado todos os seus desejos e ações, mas os manifesta inconsideradamente e sem compreensão. Mesmo as menores coisas deveriam ser empreendidas com uma finalidade, e o fim dos seres racionais é seguir a ordem e a lei do Estado e o sistema de governo que os guia.

17. A vida do homem dura apenas um segundo; sua matéria é fugaz, seus sentidos, embaçados; a estrutura do seu corpo, perecível; sua alma não passa de um vórtice. Não se pode contar com a fortuna ou confiar na fama. A vida do corpo não passa de um rio, e a vida da alma, um sonho indistinto. A existência é uma guerra e uma jornada em terras desconhecidas. O fim da fama é o esquecimento. O que, então, pode nos guiar? Somente uma coisa: a filosofia, e ela consiste em manter a divindade interna inviolável, intacta, vitoriosa na luta entre a dor e o prazer, livre de temeridades, de falsidades, hipocrisias, independentemente do que os outros fizerem ou não conseguirem fazer, submissa ao acaso e à sorte, que vêm da mesma fonte da qual viemos, e, acima de tudo, com equanimidade, aguardando pela morte como nada além de uma dissolução dos elementos dos quais cada ser é composto. E se, em seus sucessivos intercâmbios, nenhum dano ocorrer aos elementos, por que deveríamos suspeitar de algum dano durante a mudança e dissolução do todo? É natural, e nada que seja natural pode ser mau.

EM CARNUNTUM.

Fim do Segundo Livro

Livro III

1. O homem deve levar em conta que, a cada dia, parte da sua vida se vai e que cada vez menos resta para ele, mas, também, que, mesmo que ele tenha uma longa vida, não se sabe se sua inteligência será como antes para lidar com seus negócios e para ter um vislumbre do conhecimento que tem como objetivo entender tanto as coisas humanas quanto as divinas. No início da decrepitude, a respiração, a alimentação, a imaginação, o impulso, entre outros atributos, não falharão. Entretanto, o autocontrole, o cumprimento de suas funções com exatidão, a capacidade de escrutinar que se apossa dos seus sentidos ou até decidir quando é hora de parar, enfim, todos os poderes que exigem uma compreensão e um raciocínio bem treinados, serão nele extintos. Deixa-o, então, estar ativo, não apenas porque a morte aproxima-se a cada dia, mas porque a compreensão e a inteligência com frequência nos abandonam antes de morrermos.

2. A graça e o charme aparecem até nos percalços que acompanham a ação da natureza. Assim, alguns pedaços do filão de pão ficam quebradiços e um pouco tostados ao assar, e tais rachaduras, embora não sejam parte da criação do padeiro, dão boa aparência e convidam a comer, abrindo o apetite. Os figos também se abrem quando no ponto, e

as azeitonas ganham uma beleza especial quando estão muito maduras. As folhas das espigas que se inclinam, a fronte enrugada de um leão, a espuma que se forma na boca de um javali e inúmeras outras coisas não são graciosas em si, porém, como são parte das ações da natureza, fazem parte também de sua ornamentação e regozijam o espectador. Portanto, se alguém for sensível a tais apelos e tiver uma noção mais abrangente sobre a constituição do todo, praticamente tudo relacionado à natureza lhe trará prazer. Essa pessoa contemplará no mundo real as mandíbulas ferozes das bestas selvagens com o mesmo deleite dos escultores ou pintores que mostram suas obras. Com o mesmo prazer, tais olhos virtuosos observarão a maturidade e a graça da idade avançada em homens e mulheres, assim como os atrativos da juventude. Muitas coisas assim chegarão aos seus olhos, coisas que não seriam críveis para muitos, mas que alcançam somente aquele que está verdadeiramente familiarizado com a ação da natureza e próximo de seu próprio coração.

3. O próprio Hipócrates, que curou muitas doenças, caiu doente e morreu. Os caldeus previram as mortes de multidões e, ao final, o destino também ceifou suas vidas. Alexandre Pompeu e Caio César, que destruíram muitas cidades e tiraram a vida de milhares de soldados de cavalaria e infantaria no campo de batalha, também um dia deixaram esta vida. Heráclito, que muito especulou sobre a conflagração do mundo, morreu engolido pela água e coberto de estrume de gado. Demócrito foi destruído por vermes; Sócrates foi morto por outro tipo de verme. Por que tudo isso? Embarcaste, empreendeste tua viagem e atracaste no ancoradouro. Desembarca. Se for em outra vida, lá também haverá um Deus; se for no meio do nada, ao menos não haverá mais dores e prazeres e não serás mais escravo de um corpo tão vil quanto seu escravo. A alma é, pois, inteligência e divindade, mas o corpo, pó e corrupção.

4. Não desperdices o que resta da tua vida com ideias alheias que não estejam direcionadas para o bem comum. Estarás negligenciando outras caso te ocupes com o que alguém está fazendo, o porquê, o que

está dizendo, pensando ou tramando. Tudo isso irá desviar-te da imperturbável proteção de tua própria alma. É conveniente que observes o encadeamento de cada ideia, para evitares tudo o que não tem objetivo ou utilidade e, acima de tudo, o que não tem propósito ou é maligno. Acostuma-te a pensar somente naquilo que, se alguém perguntasse no que estás pensando, pudesses facilmente responder de imediato. Assim, parecerá que és totalmente simples e gentil, como cabe ao ser humano socialmente consciente que pouco pensa em diversão ou em qualquer prazer-fantasma, que desdenha o espírito contencioso, a inveja ou a desconfiança; ou qualquer paixão que uma pessoa teria vergonha de cultivar. Um homem assim, que finalmente escolheu estar doravante entre os melhores, é um sacerdote e servidor dos deuses, respeitando o espírito que nele habita, que preserva um homem não atingido pelo prazer, preservado da dor, inalcançado por qualquer insulto, inocente de qualquer mal, um vencedor na mais nobre das disputas, aquela pela vitória sobre qualquer paixão. Encontra-se envolto pela justiça; aceita de bom coração o que vier ou o que a Providência lhe trouxer. Não se preocupa com frequência com o que dizem, fazem ou planejam, exceto se houver uma necessidade pública. Concentra-se apenas em seu próprio comportamento e em sua participação no destino do universo. Comporta-se muito bem, convencido de que a sua participação é boa. A sorte atribuída a cada um faz parte da lei universal. Ele não se esquece de que todos os seres racionais são semelhantes e de que o amor da humanidade faz parte da natureza humana; também que não devemos pensar como pensam os homens, apenas como os que têm uma vida em harmonia com a natureza. Quanto aos que não vivem assim, ele sempre se recorda de como se comportam em casa e fora dela, à noite e durante o dia, e como e com quem estão. Assim, ele não aprecia a exaltação de tais seres, pois eles não são capazes de satisfazer a si próprios.

5. Ao agir, não o faças com má vontade nem egoísmo, ou com maus conselhos, nem coagido. Não permitas que teus pensamentos sejam

ocupados com muito refinamento. Não sejas tagarela ou intrometido. Deixa que o teu deus interno te guie como um ser valoroso, um idoso, um estadista, um romano e um comandante, preparado como aquele que aguarda o chamado da vida para partir, não necessitando nem de juramento nem de testemunho de nenhum homem. Além disso, sê agradável e não dependas do auxílio ou da paz de ninguém, já que é dever do homem ser correto e autossuficiente, não dependente.

6. Se na vida dos seres humanos descobrires algo melhor que a justiça, a verdade, a moderação, a coragem e a satisfação de tua alma consigo própria por ser teu caminho seguir o que é certo, e com fé no que está determinado além do seu controle; se encontrar algo melhor que isso, segue este caminho com todo o teu coração e desfruta-o como o melhor a ser encontrado. Entretanto, se nada te parecer melhor que a divindade que habita em ti mesmo, que dominou todos os seus impulsos, examina todos os teus pensamentos, que, como disse Sócrates, se libertaram dos estímulos sensoriais, dedicando-te a Deus e ao amor pela humanidade; se considerares qualquer outra coisa pequena e sem valor comparada a isso, não dês espaço para algo mais que possa mudar teu rumo ou distrair-te de manter na mais alta estima teu próprio bem. Não nos é permitido substituir o racional e socialmente bom por qualquer outra coisa como o louvor da plateia, o poder, a riqueza ou a busca por prazeres. Por um instante, todas essas coisas podem parecer lícitas, mas nos desviam de nosso propósito. Escolhe o melhor com honestidade e liberdade e fica com a tua escolha. O melhor irá favorecer-te. Se optares pelo melhor para obter vantagem espiritual, preserva-o. Se optares pelo melhor para o teu corpo, admite tal escolha modestamente. Lembra-te apenas de fazer uma diferenciação bem clara entre um e outro.

7. Nunca consideres vantajoso algo que te obrigue a violar tua fé, ou a abrir mão da tua honra, a odiar, levantar suspeitas ou amaldiçoar qualquer ser humano, ser falso ou concentrar-te em qualquer coisa que necessite ser ocultada por uma parede ou cortina. Aquele que prefere

a alma, a divindade dentro de si e o culto sagrado de suas virtudes a qualquer outra coisa não será autor de nenhum gesto trágico. Ele não precisa nem do isolamento nem de uma multidão de espectadores. E, o melhor, não viverá em busca da morte ou evitando-a. É-lhe indiferente se sua alma utiliza seu corpo durante um tempo maior ou menor. Se ele morresse neste momento, estaria tão pronto para a morte quanto para qualquer outra atividade. Seu único propósito a evitar seria ter uma alma imprópria para um ser humano inteligente.

8. Na alma do homem disciplinado e purificado nada haverá de corrupto, desonrado ou envenenado. O destino não interrompe sua vida antes de seu fim apropriado, como um ator que abandona o palco antes do fim de sua atuação. Nada verá nele de servil ou dissimulado, nada muito convencional ou isolado, nada que tema a luz da censura ou segredos da corte.

9. Honra a capacidade de formar opinião. Graças a ela, nenhuma opinião adotada pela tua alma será inconsistente com a natureza e a constituição do ser racional. Ela garante que não formemos julgamentos precipitados, que sejamos gentis para com o próximo e obedientes aos deuses.

10. Livra-te de todas as outras coisas e guarda estas poucas. Lembra-te também de que cada homem vive somente este momento presente, um instante transitório. O restante do tempo escapa e é desconhecido. É curto o tempo que cada um de nós tem para viver e pequeno o canto onde vive. Curta é a mais longa fama póstuma, preservada por uma sucessão de pobres mortais, em breve eles mesmos mortos; homens que nem mesmo conheciam a si próprios, menos ainda os que morreram há muito tempo.

11. Aos conselhos anteriormente citados adiciona mais este. Define ou descreve com precisão cada coisa que tua imaginação alcançar, de maneira que possas ver e diferenciar tua essência nua do conjunto; que possas dizer para ti mesmo o nome da coisa propriamente dita e o nome

das partes que a compõem e das suas partes decompostas. Nada aperfeiçoa mais a mente do que o poder de questionar todas as coisas que se apresentam na vida; e, enquanto tu as analisas, considera ao mesmo tempo como é o universo e qual é a tua função nessas coisas, qual é tua importância para o todo e para o homem que é um cidadão da mais alta cidade, de qual todas as outras são apenas casas. Considera o que é esta coisa que agora deixa uma impressão gravada em ti, do que se compõe e quanto tempo destina-se a durar. Considera também qual é a tua virtude que se sobressai: gentileza, coragem, autenticidade, fidelidade, simplicidade, independência ou outra ainda. Sobre cada evento, diz: "Isso vem de Deus" ou "Isso vem de uma conjunção e caminhos do destino, ou de alguma sorte ou azar" ou "Isso vem de alguém da minha própria tribo, dos meus parentes, do meu amigo. Ele é, de fato, ignorante do que está de acordo com a natureza, mas eu não sou, portanto serei gentil e justo, segundo as leis da natureza e da sociedade. Em relação às coisas indiferentes, esforço-me para apreciá-las pelo valor que lhes cabe".

12. Se desempenhares tuas tarefas presentes com firmeza e zelo, mas gentilmente, observando as leis do raciocínio, se não esperares retorno, mas mantiveres dentro de ti a pureza de tua parte imortal, como se precisasses restituí-la a quem te ofertou, se te agarrares a isso sem outros desejos ou aversões e ficares satisfeito com o desempenho de tua tarefa atual, com a sinceridade heroica em tudo o que disseres e murmurares, viverás bem. Assim, nenhum homem te poderá impedir.

13. Como os cirurgiões têm sempre à mão seus bisturis e outros instrumentos para qualquer emergência repentina, tu deves ter à mão os princípios necessários para compreender o divino e o humano e para fazer todas as coisas, mesmo as menos importantes, lembrando-te da ligação entre ambas. Se negligenciares tal conselho, tuas ações em relação tanto aos deuses quanto aos homens serão deficientes.

14. Para de vagar, pois não irás reler tuas próprias memórias ou o relato dos antigos gregos e romanos, ou, ainda, as coletâneas de escritos de

outras pessoas separados para a sua velhice. Apressa-te então na direção do teu objetivo correto. Abre mão das vãs esperanças e, se ainda puderes cuidar de ti próprio, vá em teu próprio socorro enquanto fores capaz.

15. O homem desconhece todos os significados das palavras roubar, semear, comprar, descansar, ver o que deve ser feito. Não é com os olhos que tais coisas são compreendidas, mas com outro tipo de visão.

16. Temos corpo, alma e inteligência. As sensações pertencem ao corpo, as paixões à alma, os princípios à inteligência. Impressionar-se pelas sensações é algo que fariam os animais do campo. Ser agitado por arroubos de paixão é comum para quem tem a natureza selvagem, como Falaris e Nero. Além disso, ter uma mente para nos guiar em direção ao que parece apropriado é compartilhado por nós com os ateus, com os traidores de seus países e com os que fecham suas portas e se entregam ao pecado. Se, então, todo o resto é comum, como pudemos ver, resta ao bom homem esta excelência especial: receber com alegria tudo o que acontece ou é determinado, não corromper a divindade que mora em seu peito, não a perturbar com uma série de imagens, mas preservá-la na tranquilidade e obedecer a ela com a um deus; observar a verdade em tudo o que ela diz e a justiça em cada atitude sua. E, embora os outros possam desacreditar que ela viva na simplicidade, na modéstia e no contentamento, não se deve isolar este incrédulo de ninguém nem desistir do caminho que leva ao final verdadeiro da vida, ao qual ele deve chegar puro, calmo, pronto para partir e aceitando seu destino sem coerção.

Fim do Terceiro Livro

Livro IV

1. O poder que governa nossa essência, quando seu estado encontra-se de acordo com a natureza, age em cada situação com a mesma facilidade que tem para adaptar-se a todas as situações presentes ou possíveis. Ele não requer nada preestabelecido para trabalhar, mas, com as reservas adequadas, necessita apenas de estímulo para prosseguir e produz a matéria para suas atividades utilizando cada oposição. Assim como o fogo, que domina o que nele é lançado, embora uma pequena chama teria se extinguido, suas grandes labaredas rapidamente recebem o combustível, consomem-no e crescem mais fortes a partir daí.

2. Não permitas que qualquer ação aconteça aleatoriamente, mas em completa comunhão com os princípios envolvidos.

3. As pessoas buscam refúgio no campo, nas praias, nas montanhas; tu também tens esses desejos frequentes por tais distrações. Porém, isso é uma grande insensatez, já que podes viajar para dentro de ti a qualquer momento que queiras. Não há refúgio mais silencioso e pleno de lazer do que tua própria alma, principalmente quando, dentro de ti, basta olhar e estarás em descanso imediato. Quando digo descanso, quero dizer nada mais do que a perfeita ordem da alma. Permita-te, portanto,

constantemente tal refúgio e renova-te. Também alimenta pensamentos breves e fundamentais, que podem ocorrer facilmente, suficientes para excluir o clamor discordante do mundo e para enviar-te de volta sem preocupações para a tarefa de antes. Com o que te descontentas? Com a maldade da humanidade. Lembra-te de que todos os seres racionais são criados uns para os outros, que ser indulgente para com eles faz parte da justiça e que eles não podem fugir da sua sina. Lembra-te de que os que viveram na animosidade, na desconfiança e na ira, prontos para brigar, tiveram seus corpos estendidos em suas piras funerárias e viraram cinzas. Lembra-te disso e cessa tuas reclamações. Seria a tua parte no destino do mundo o que causa teu pesar? Fica calmo e relembra a alternativa de que "ou a Providência conduz o mundo ou nada mais há do que átomos desgovernados" e relembra as muitas provas de que o universo é como um Estado. Os males do corpo ainda têm poder sobre ti? Pensa que a mente, uma vez recolhida em si própria, uma vez consciente de seu próprio poder, não está ligada aos movimentos, sejam eles bruscos ou suaves, do corpo em vida. Lembra-te, também, de tudo o que ouviste e aprovaste sobre dor e prazer. Sentes-te distraído pela pobre fama? Pensa na rapidez com a qual as coisas são esquecidas. Atenta para o caos da eternidade que nos envolve em qualquer um dos lados. Pensa no quão vazio é o eco barulhento da aclamação; quão volúveis e escassos de pensamentos são os que parecem nos louvar e quão estreitos os lugares onde seu louvor está confinado. A terra toda nada mais é do que um ponto no universo; e quão ínfimos os cantos inabitados, e mesmo lá, quão poucas pessoas estarão ali para louvar-nos! Lembra-te do refúgio que sempre podes fazer no campo que existe dentro de ti e, acima de tudo, não sejas distraído ou extremamente tenso. Agarra-te à tua liberdade; considera todas as coisas como um homem de coragem, um ser humano, um cidadão, um mortal. De fácil acesso em meio aos princípios para os quais olhares, deixa estes dois: primeiro, as coisas do mundo externo não tocam a alma, mas permanecem impotentes do lado de fora; e todos os problemas surgem com base no que pensamos delas do lado interno. Segundo, todas as coisas visíveis mudam num instante e partem para sempre. Lembra-te de todas as mudanças que testemunhaste. O mundo é uma sucessão de mudanças; a vida é apenas pensamento.

4. Se a mente é comum a todos, o motivo pelo qual somos racionais também o é, assim como o poder que temos de fazer ou não fazer. Portanto, todos temos uma lei comum e somos, então, concidadãos e integrantes de algum sistema de governo em comum. O universo, então, deve, de alguma forma, ser um Estado. De que outro sistema de governo poderia a humanidade fazer parte? Por isso, é desse estado comum que descendem nosso poder intelectual, nosso raciocínio e as nossas leis; de onde mais viriam? O que é terrestre em mim vem da terra, o úmido em mim vem de algum outro elemento, minha respiração e o que é quente e inflamável vem de suas próprias fontes. Portanto, já que nada pode surgir do nada nem voltar para o nada, minha porção intelectual também vem de uma fonte.

5. A morte, assim como o nascimento, é um mistério da natureza; um é a combinação de elementos; o outro, sua decomposição. Em nenhum deles há algo que cause vergonha ou que vá contra a natureza do animal racional, ou contrário às leis de sua formação.

6. É natural que tais ações venham de tais homens. Quem deseja algo diferente teria os figos sem o suco. Lembra-te, também, do seguinte: muito em breve, vocês morrerão e, pouco tempo depois, nem mesmo seus nomes serão lembrados.

7. Elimina o pensamento, e o grito "fui magoado!" não mais existirá. Elimina o "fui magoado!", e a mágoa desaparecerá.

8. Aquilo que não torna a pessoa pior do que antes, tampouco piora sua vida nem a fere interna ou externamente.

9. A lei da utilidade deve ser útil.

10. Tudo acontece da maneira certa. Irás descobrir isso se observares com atenção. Não apenas em função da ordem natural, mas segundo

nosso conceito de justiça e pela ação daquele que a distribui por mérito. Continua a observar e, o que quer que faças, deixa teu objetivo ser a bondade como é corretamente compreendida. Lembra-te de ater-te a isso em cada ação.

11. Não pensa como o insultador ou como ele quer que tu penses; vê, porém, as coisas como verdadeiramente são.

12. Estejas sempre pronto para duas coisas: a primeira, fazer apenas o que a razão, capacidade soberana e legislativa, sugerir para o bem da humanidade. A segunda, para mudar tua direção caso encontres alguém capaz de corrigir e modificar tua opinião. Porém, deixa que a mudança seja feita por realmente acreditares que seja no interesse da justiça ou bem público, e não objetivando prazer e glórias para ti.

13. Tens a razão? Eu tenho. Por que, então, dela não fazes uso? Já que ela cumpre sua função, do que mais precisas?

14. Existes como parte do todo. Desaparecerás novamente dentro do que te criou, ou, ainda, mudarás e serás novamente inserido na inteligência criadora.

15. Muitos incensos são colocados no mesmo altar. Um termina antes, o outro depois. É indiferente.

16. Após dez dias, se voltares a observar os princípios morais e o culto à razão, parecerás um deus para aqueles que hoje se consideram um animal selvagem ou macaco.

17. Não conduzas tua vida como se tivesses dez mil anos à frente. A fatalidade está próxima de ti. Enquanto vives e podes, sê bom.

18. Muito recebe em lazer aquele que não se atenta para o que os vizinhos dizem, fazem ou pretendem, mas que considera apenas de que forma suas próprias ações podem ser justas e sagradas e ignora, como diz Ágato, o exemplo moral de terceiros, mas percorre uma trilha reta e nunca dela se desvia.

19. Aquele que é cuidadoso e preocupado com a fama que o precederá não considera que cada um dos que dele se lembrarem também

morrerão em breve, assim como, depois, a geração posterior, até que cada lembrança sua, passada adiante por admiradores empolgados e efêmeros, também se desvaneça. Podes mesmo supor que tua memória seja imortal e que os que dela se apropriam também o sejam. Ainda assim, o que isso significa para ti? Não pergunto o que representa para o morto, mas o que o vivo ganharia com tal louvor, exceto por alguma possível conveniência. Agora, abandonas o que a natureza colocou em tuas mãos para depositar tuas esperanças nos relatos de outrem.

20. O que for belo será belo em si. Sua beleza termina ali, e a glorificação não faz parte do processo. Nada que é enaltecido torna-se melhor ou pior por tal ato, e isso também vale para o que for belo no sentido comum, desde formas materiais até obras de arte. Assim, a verdadeira beleza não precisa de nada além de si, assim como a lei, a verdade, a bondade e a honra. Nenhuma delas recebe qualquer graça divina advinda do elogio, nem mesmo uma mácula de censura. A esmeralda perde suas virtudes se não é elogiada? É possível alguém desmerecer o ouro, o marfim ou a púrpura, uma lira ou adaga, uma flor ou arbusto, apenas restringindo os elogios a eles?

21. Se nossas almas sobreviverem a nós, como o ar preservou-as da eternidade? Como a terra contém tantos corpos enterrados por tanto tempo? Os corpos, após algum tempo na terra, mudam e se dissipam, deixando espaço para outros. O mesmo vale para as almas, que, liberadas no ar, ali permanecem por pouco tempo e então se modificam, difundem-se, são reanimadas e retornam para o espírito criador universal, cedendo lugar a outras. Essa pode ser uma explicação satisfatória, supondo-se que a alma sobreviva ao corpo. Porém, não devemos pensar apenas na quantidade de corpos enterrados sob o solo. Também há que se considerar todas as criaturas vivas das quais os outros animais e nós mesmos nos alimentamos. Quantos corpos são, assim, consumidos, enterrados dentro dos corpos que os consomem? Ainda assim, há espaço para eles, considerando-se a mudança de sua conversão em sangue, ar e

fogo. Qual seria, então, a explicação para tal questionamento? Fazendo-se a distinção entre matéria e causa.

22. Não te desvies do teu caminho. Em cada impulso, transmite justiça e, em cada pensamento, assegura-te de ter compreendido.

23. Estou em sintonia com tudo o que seja tua harmonia, ó, natureza! Para mim, nunca é cedo ou tarde demais, e o tempo é sempre perfeito. Tudo o que tuas estações trouxerem, ó, natureza, é fruto para mim. De ti originam-se todas as coisas, tudo compreendes e para ti tudo retorna. O poeta diz "Ó, cara cidade de Cécrope!". Não deveria eu dizer "Cara cidade de Deus"?

24. "Faze poucas coisas", diz o filósofo, "se ficares em silêncio." Talvez este seja um dito melhor: "Faze o que for necessário, faze o que instruir a razão do ser social em sua natureza, e faze-o com o espírito voltado para aquela direção". Assim, alcançarás também a calma que vem de ter poucas coisas por fazer. Grande parte do que dizes e fazes não é necessária. Livra-te delas e terás mais momentos de lazer e menos aborrecimentos. Pergunta-te sempre: "Isso não seria desnecessário?". Abandone não apenas ações desnecessárias, mas também pensamentos desnecessários, já que, assim, evitarás todas as ações supérfluas.

25. Experimenta como a vida de um bom homem te cai bem, a vida de alguém satisfeito com o que o destino lhe reservou, com a justiça de suas próprias ações e a benevolência de sua disposição.

26. Viste um lado, vê também o outro. Evita a perplexidade; busca a simplicidade. Um homem pecou? Ele carrega o fardo de seu próprio pecado. Algo sucedeu-se contigo? Que bom, já que tudo o que te acontecer será parte determinada nas teias do destino de todas as coisas desde o início. Em suma, a vida é curta. Faze o melhor com o presente, guiando-te pela razão e pela justiça. Sê sóbrio em teu relaxamento.

27. O universo é um todo ordenado ou uma confusão, porém, embora seja um misto de fenômenos, com certeza seu todo é ordenado. Ou crês que pode haver ordem em ti e confusão no universo, isso quando,

também, todas as coisas, embora difusas e isoladas, estão todas em sintonia entre si?

28. Considera a deformidade desses caracteres: o preto ou maligno, o efeminado, o selvagem, o bestial, o infantil, o estúpido, o falso, o grosseiro, o enganoso, o tirano.

29. Ele é um estrangeiro, e não um cidadão do mundo, que desconhece o que o mundo contém; e ele, também, desconhece o que ocorre no mundo. Ele é um desertor que voa para longe da razão que comanda seu sistema de governo. É cego, pois seus olhos intelectuais estão fechados. É um pedinte que necessita de doações dos outros e não possui o necessário para viver. É uma excrescência no esquema das coisas, que se recolhe e se isola da constituição racional da natureza da qual ele compartilha, descontente com o que a vida lhe trouxer. Esta mesma natureza que produz tal evento também produziu a ti. Ele é o cidadão revoltoso que separa sua alma particular das almas de todos os seres racionais.

30. Aquele sem túnica age como filósofo; o outro, sem livros, também, assim como o terceiro, seminu. Diz "não tenho pão, mas, ainda assim, apego-me à razão". O outro diz "Nem mesmo tenho alimento espiritual e instrução, mas, ainda assim, apego-me a ela".

31. Ama a arte que aprendeste, mesmo que humilde, e nela encontra tua distração. Passa o restante da tua vida como alguém cujo coração entrega as preocupações aos deuses, e não ages nem como tirano nem como escravo dos seres humanos.

32. Lembra-te, por exemplo, do tempo de Vespasiano e verás um espetáculo no teu próprio tempo: homens casando-se, criando filhos, doentes, morrendo, guerreando e festejando, fazendo comércio e lavrando a terra. Verás os homens aduladores, obstinados por seus próprios desejos, nutrindo suspeitas, tramando, querendo a morte de outros, lamentando-se da sorte, cortejando amantes, acumulando fortuna, em busca de poder em consulados e reinos. Mesmo assim, suas vidas serão consumidas e findarão. Passa para os dias de Trajano. Mais

uma vez, tudo permanece igual; novamente, aquela vida está acabada. Considera também outros tempos e nações e vê como tudo ruiu rapidamente e dissolveu-se retornando aos elementos. Porém, mais que qualquer coisa, lembra-te dos que conheceste, homens distraídos pelas coisas vãs, homens que negligenciaram o rumo que aprazia suas próprias naturezas, nem agarrando-se a elas nem sentindo alegria por meio delas. Aqui, não te esqueças de que a atenção deve ser aplicada em qualquer empreendimento somente na proporção de seu próprio valor. Se mantiveres tal ensinamento em mente, não serás desalentado por preocupar-te demasiadamente com coisas de menor valor.

33. As frases conhecidas dos velhos tempos são agora estranhas e obsoletas e, igualmente, nomes que outrora foram muito festejados agora soam de maneira estranha aos nossos ouvidos. Camilo, Céson, Voleso, Leonato, depois Cipião e Catão; por fim, Augusto, Adriano e Antonino, todos foram esquecidos. Todas as coisas apressam-se em direção ao seu fim e logo parecerão antigas fábulas, enterradas no esquecimento. Digo isso sobre aqueles que brilharam com sua fama. O restante dos homens, assim que partirem deste mundo, são desconhecidos e serão esquecidos. O que, então, será lembrado para sempre? O que é totalmente vazio. Pelo que deveríamos zelar? Apenas para que nossas almas sejam justas, nossas ações, altruístas, nosso discurso, sempre sincero e nossa disposição, forte para o que quer que aconteça, sabendo que é inevitável, familiar e nascido da mesma fonte e da mesma origem da qual nós mesmos viemos.

34. Resigna-te de boa vontade a Cloto, permitindo que ela use seu tear como quiser.

35. Todas as coisas duram pouco, o que se lembra e o que é lembrado.

36. Observa sempre que todas as coisas acontecem por meio de mudanças. Lembra-te sempre disso: a natureza ama mudar o que és e criar semelhantes. O que agora existe é semente plantada na terra ou no ventre. Tal é o pensamento ignorante.

37. Vais morrer e, ainda assim, não alcançaste a simplicidade ou a calma, ou a descrença de que te possas ferir pelo que é exterior. Não aprendeste a ser gentil com todos os homens ou a lidar apenas com a sabedoria.

38. Olha bem de perto o que governa os homens; vê quais são suas preocupações e o que procura ou evita.

39. O que é maléfico para ti inexiste na alma de outrem, assim como em qualquer mudança do corpo que te circunda. Onde está, então? Naquela parte de ti pela qual entendes o mal. Impede o mal e tudo correrá bem. E, mesmo que o pobre corpo ao qual ela está atada seja cortado e queimado, embora supure ou pereça, ainda assim deixa a apreensão inativa, ou seja, não a deixes julgar nada, bom ou ruim, que possa acontecer tanto para os bons quanto para os maus homens. Aquilo que pode acontecer aos que vivem de acordo com a natureza e os que vivem contra ela pode ser natural ou antinatural.

40. Considera sempre este universo como um ser vivente, com uma substância material e um espírito. Observa como todas as coisas são direcionadas para a sabedoria única desse ser, como todas as coisas agem sob um único impulso, como todas as coisas são interligadas a outras e como todas as coisas são entrelaçadas, conectadas.

41. "És uma pobre alma atrelada a um corpo", como disse Epicteto.

42. Não existe mal para o que vive em processo de mudança, e não existe bem para o que vive sem ela.

43. O tempo é um rio, uma torrente forte de elementos nascendo. Cada um deles, assim que aparece, é afastado e sucedido por outro, que, por sua vez, também será afastado.

44. Tudo o que acontece é natural e familiar como uma rosa na primavera ou uma fruta no verão. Assim são, também, a doença e a morte, a calúnia e a traição e tudo o que oferece aos tolos contentamento ou sofrimento.

45. As consequências seguem o que as antecede em função de uma conexão especial e necessária. Tal relação não é a que existe numa

simples enumeração de elementos isolados e depende apenas de uma convenção arbitrária. É uma relação racional. E, assim como as coisas agora existentes são harmoniosamente combinadas, as que nascem não têm uma simples sucessão, mas uma maravilhosa harmonia com o que as precedeu.

46. Lembra-te sempre do que disse Heráclito: "A morte da terra torna-se a água, a morte da água torna-se ar, a morte do ar torna-se fogo; e vice-versa". Lembra-te daquele que se esquece de para onde a estrada conduz; de que os homens frequentemente estão em desacordo com seu companheiro mais próximo e constante, a razão que a tudo conduz; que os homens veem como estranho aquilo que lhes é rotineiro; que não devemos agir ou falar embalados pelo sono, embora, mesmo em tal condição, pareçamos agir e falar; também não devemos fazê-lo como crianças, que aprendem com seus pais, com uma mera aceitação de tudo, aceitando tudo como fomos ensinados.

47. Se algum deus informasse que morrerias amanhã, no dia seguinte ou, ainda, no outro, tua preocupação com a data certa seria mínima, desde que não fosses o mais miserável dos covardes. Quão ínfima seria a diferença? É indiferente se morreres após muitos anos ou amanhã.

48. Lembra-te sempre dos muitos médicos que morreram após franzirem o cenho para o comportamento de seus pacientes, dos astrólogos que previram as mortes de outras pessoas com grande ostentação de suas habilidades, dos filósofos que escreveram demais sobre a morte e a imortalidade. Quantos guerreiros assassinaram milhares e quantos tiranos usaram seu poder de vida e morte com devassidão, como se fossem imortais. Quantas cidades inteiras, por assim dizer, estão mortas! Hélice, Pompeia, Herculano e inúmeras outras. Conta todos os que conheceste e que morreram, um após o outro. Imagina que uma pessoa cuidou do funeral de outra e, depois, caiu morta ela própria, sendo enterrada por uma terceira. Tudo isso em pouco tempo. Em resumo, olha as coisas dos humanos e vê como são breves e vis. Ontem um pouco

de muco; amanhã, cinzas ou um cadáver embalsamado. Passa, então, o tempo que te resta com tal espírito que esteja de acordo com a natureza e parte feliz. Assim cai a azeitona ao amadurecer, abençoando o solo de onde brotou e grata pela árvore que lhe abriu caminho.

49. Sê como um promontório contra o qual as ondas sempre batem, que permanece firme e controla a fúria das águas que por ali passam. "Infeliz de mim, por ter tido tal destino", diz uma pessoa. "Não, feliz de mim que, embora tenha recebido tal destino, ainda posso viver sem mágoa ou destruído pelo presente, temendo o futuro", dize tu. Sina igual poderia ter sido a de qualquer pessoa, mas ela não teria resistido a tal sem sofrer. Por que, então, devemos nos manter mais no infortúnio do ocorrido do que na alegria de tamanha força de pensamento? Podes dizer que é um infortúnio para um homem aquilo que não é fracasso para a sua natureza? Podes chamar de fracasso de sua natureza qualquer coisa que não vai contra seu propósito? Aprendeste o propósito, não aprendeste? Tal infortúnio priva-te, então, da justiça, da magnanimidade, da prudência, da sabedoria, da cautela, da verdade, da honra, da liberdade e de tudo o mais que a natureza de um ser humano sabe ser seu estado pleno? Futuramente, lembra-te, portanto, em todas as ocasiões de sofrimento, a aplicar a máxima: isso não é um infortúnio, mas enfrentar a situação com valentia é boa fortuna.

50. Considerar o destino daqueles que foram bastante obstinados na vida e dela desfrutaram por mais tempo é um pensamento vulgar, embora bastante eficaz para despistar a morte. Onde teu ganho é maior do que o daqueles que morreram antes de seu tempo? Todos estão mortos em algum lugar. Cadiciano, Fábio, Juliano, Lépido e outros viram os corpos de multidões ser levados para os túmulos e, depois, eles mesmos foram carregados para lá. Em suma, quão pequena foi a diferença de tempo passado em meio à dor das preocupações, homens sem valor e carcaças malévolas! Não te preocupes com isso, mas olha para trás, para a eternidade que está ali e para a frente,

para o outro abismo da imensidão. Comparada com tal infinito, pequena é a diferença entre uma vida de três dias e uma de três gerações, como a de Nestor.

51. Corre sempre pelo caminho curto. O caminho curto é o caminho em harmonia com a natureza. Assim, fala e age de acordo com a regra mais vibrante, pois tal resolução livrar-te-á de muita labuta e guerra e de toda a ardilosa conduta e ostentação.

Fim do Quarto Livro

Livro V

1. Pela manhã, quando for difícil despertar, deixa este pensamento à mão: "Acordo para executar a tarefa de um homem, e seria certo reclamar de tal trabalho para o qual fui trazido ao mundo? Ou fui criado para apenas ficar deitado e aquecido em meio aos lençóis? Dirias: "É mais agradável assim". Então, nasceste para deleitar-te, e não para agir e exercer teus poderes? Não vês que as pequeninas plantas, os delicados pardais, as formigas, as aranhas, as abelhas, todos estão fazendo sua parte e trabalhando pela ordem do universo? Tu te recusarás a cumprir teu papel neste plano dos homens? Não irás atrás do caminho que condiz com tua própria natureza? Dizes que precisas descansar. Certamente precisas, mas a natureza tem uma medida para o descanso, assim como para a alimentação e a bebida. Para descansar, tu ultrapassas tais limites, porém, para agir, não chegas ao suficiente e ficas bem restrito às tuas capacidades. Não amas a ti mesmo; se amasses, amarias tua natureza e teu propósito. Outros, que amam a arte da qual se apropriaram, exaurem-se trabalhando sem banho ou comida. Tu, porém, honras tua própria natureza menos do que o escultor honra sua escultura, ou o dançarino honra sua dança, o avarento honra seu ouro ou o homem fútil honra

sua fama vazia. Esses homens, quando tomados pelo desejo, esquecem-se de comer e dormir, caso possam alcançar os seus desejos com mais eficácia. A busca do bem comum deveria ser menos valiosa aos teus olhos e merecedora de menos zelo?

2. Como é fácil afastar qualquer impressão que seja perturbadora e inconveniente e rapidamente desfrutar da tranquilidade perfeita!

3. Não consideres sem valor um discurso ou ação consistente com a natureza. Não te deixes dissuadir por qualquer criticismo ou censura de outrem; porém, se o discurso ou ação forem honrosos, julga-te merecedor de pronunciá-lo ou de agir. Aqueles que te criticam têm suas próprias consciências e motivos, que não deves observar, mas segue um caminho reto, conduzido pela tua própria natureza e pela natureza do universo, sendo que ambos apontam para a mesma direção.

4. Ando pela estrada da natureza até que, por fim, eu caia e repouse; respirando o ar diariamente, tombando naquele solo no qual meu pai plantou suas sementes, minha mãe, seu sangue e minha ama, o leite que me alimentou. Nesta terra que me deu diariamente comida e bebida ao longo de todos esses anos, que ampara meus passos e é indulgente comigo, que dela abuso múltiplas vezes.

5. Os homens não te podem admirar por tua astúcia. Que assim seja. Porém, há inúmeras outras qualidades das quais não poderás dizer "Isso não está em mim". Mostra-as; elas estão em teu pleno poder. Sê sincero, digno, diligente, conformado com teu destino. Necessita de pouco, sê gentil e franco; não aproves o exagero e a conversa fútil, esforça-te para ter dignidade. Não vês quantas virtudes podes mostrar, para as quais não estás incapacitado nem impossibilitado de usar a desculpa da falta de aptidão? O que te conduz é uma vontade de queixar-te, lamuriar-te, ser um adulador, desgraçar teu corpo com teus próprios erros, lisonjear servilmente outras pessoas, vangloriar-te, ter tanto desassossego em tua alma? Não. Pelos deuses, deverias estar livre de tais vícios há muito tempo. É tua culpa, então, seres lento e estúpido de compreensão. Isso

deves esforçar-te para corrigir com exercício e não deves negligenciar tal falha nem te comprazer com ela.

6. Alguns homens, ao fazerem um favor a alguém, estão rapidamente dispostos a pedir o ajuste de contas da obrigação. Outros, mais uma vez, não se adiantam tanto para fazer suas exigências, mas, em suas mentes, consideram-te um devedor e bem sabem o valor do que fizeram. Um terceiro tipo parece não ser ciente do que fez. Este é como a videira, que produz seus cachos e está satisfeita por ter gerado suas frutas. O cavalo, após correr seu trajeto, a abelha ao fazer o mel e o homem ao praticar o bem para outrem não fazem alarde, mas aprontam-se para fazer o mesmo mais uma vez, como a videira, na estação adequada, produz seus cachos novamente. "Deveríamos, então, estar entre aqueles que, de certa maneira, não sabem o que fazem? Com certeza. Mas isso implica ser inteligente, pois é uma propriedade do homem altruísta compreender que está agindo de forma altruísta e, certamente, desejar que seu companheiro também perceba isso." É verdade, mas, se compreenderes mal o que digo, irás para a categoria dos que citei anteriormente. Eles também são desencaminhados por pensamentos ilusórios. Porém, se tiveres o desejo de entender o verdadeiro significado do meu princípio, não temas que, ao segui-lo, tu negligenciarás o dever do altruísmo.

7. Esta é a prece dos atenienses: "Traz a chuva, traz a chuva, caro Zeus, sobre as planícies e os campos dos atenienses". O homem deveria não rezar, ou rezar de maneira franca e simples.

8. Assim como dizem que Asclépio prescreveu equitação, banhos frios ou caminhadas sem sapatos, a mente universal prescreve para o homem a doença ou mutilação, perdas ou similares. No primeiro caso, a prescrição significa que tal tratamento foi indicado para o paciente com o objetivo de atender às suas necessidades de saúde. No segundo caso, significa que a vida de cada homem é criada para coincidir com os propósitos do destino. A palavra "coincidência" implica algo como o que os pedreiros dizem sobre as pedras quadrangulares numa parede

ou pirâmide, quando se encaixam perfeitamente. Todas as coisas estão unidas por um elo de harmonia. Assim como todos os corpos fazem o mundo visível ser o que é, o destino, com sua causa geral, é feito de todas as causas particulares. Os menos afeitos à filosofia entendem o que penso, pois dizem: "O destino trouxe isso, isso foi designado ou determinado para ele". Recebamos, então, a vontade superior do destino como recebemos as prescrições de Asclépio. Ele nos receita muitas coisas, dentre as quais remédios desagradáveis. Ainda assim, seguimos alegremente suas instruções, esperando recuperar a saúde. Imagina então que, para a natureza, a execução de seu trabalho e o cumprimento de seus desígnios são sua saúde. Recebe com alegria o que acontecer, mesmo que não pareça bom, pois serve para a saúde do universo e para a prosperidade e felicidade de Zeus. Ele não teria trazido uma ou outra coisa para os homens se não contribuísse para o bem do todo, assim como nenhuma parte do sistema da natureza traria qualquer elemento que não tivesse uma função no seu governo. Portanto, são dois os motivos pelos quais deverias estar feliz com o que a vida te trouxer. O primeiro é que foi criado e destinado a ti e está a ti ligado de alguma maneira desde o começo, na trama de todos os destinos das grandes causas do início de tudo. O segundo é que mesmo o que acontece separadamente a cada pessoa contribui para o bem-estar e a prosperidade da entidade que governa todas as coisas e, de fato, até para a continuidade de sua existência. O todo é mutilado se interrompes minimamente essa conexão contínua, seja ela de partes ou causas. E, sempre que te queixas do destino, estás fazendo isso.

9. Não te queixes, desesperes ou desanimes, caso não seja sempre possível agires de acordo com teus princípios de perfeição. Se fores derrotado, retoma mais uma vez teus esforços e contenta-te com o fato de tua conduta ser humana. Ama o bem para o qual retornares e volta para a Filosofia, não como alguém que retorna para seu mestre, mas como alguém cujos olhos doloridos recorre à esponja e aos ovos como outra

pessoa recorreria a um emplastro, ou outra, ainda, ao fomento. Assim, não estarás exibindo tua obediência à razão, mas encontrarás ali tranquilidade. Lembra-te de que a filosofia nada mais exige do que o que tua natureza exige de ti. Porém, estás acostumado a desejar outras coisas que não estão em harmonia com tua natureza. Dizes que nada pode ser mais aprazível do que tais coisas. Não seria exatamente essa a armadilha que o prazer arma para nós? Reflete, porém, se a magnanimidade, a franqueza, a simplicidade, a gentileza e a compaixão não seriam ainda mais aprazíveis. O que é mais doce do que a própria sabedoria quando estás consciente da tua segurança e felicidade de aprender e raciocinar?

10. As diversas naturezas das coisas estão tão ocultas de nós mesmos que, para muitos filósofos, tudo parece incompreensível. Os próprios estoicos sabiam que é difícil entender qualquer coisa por completo. Nosso assentimento é inconsistente, pois onde está o homem consistente? Avalia, então, o quão transitórios e vis são os objetos do nosso conhecimento. Com que frequência somos debochados, obscenos, ladrões? Revê ainda outra vez os padrões morais daqueles com quem convives. Como é difícil suportar o mais bem-educado entre eles? Isso sem mencionar que é quase impossível suportarmos a nós mesmos. Em meio a tal escuridão e imundície, neste eterno ir e vir da matéria, do tempo, do movimento e das coisas que são movidas, não consigo notar nada digno de estima ou desejo. É preciso, em contrapartida, confortarmo-nos enquanto esperamos pela nossa dissolução natural, sem nos incomodar com o atraso, mas sentindo tranquilidade com os seguintes pensamentos: primeiro, nada pode nos acontecer se não estiver de acordo com a natureza do todo; segundo, está sempre em nossas mãos nada fazer contra o divino espírito que habita nosso ser. Nenhuma força pode obrigar-nos a tal feito.

11. Com que finalidade faço uso de minha alma? Deixa-me examinar a mim mesmo sobre isso em todas as ocasiões e considerar o que está acontecendo agora naquela minha porção que chamam de regente

de todo o restante. Deixa-me pensar, também, de quem é minha alma. De uma criança, de um jovem, de uma mulher tímida, de um tirano? A alma de um animal domado ou selvagem?

12. Podes avaliar o bom valor que muitos dão às coisas pelo seguinte: se alguém imaginar determinadas coisas como prudência, temperança, justiça ou coragem, para ser verdadeiramente bom, ele não pode, de forma lógica, ouvir prontamente o tradicional escárnio sobre a superabundância do que é bom. Não fará sentido. Porém, quando sua mente contém o que parece bom aos olhos da multidão, a pessoa está totalmente disposta a ouvir e aceitar como adequada a troça do comediante. Portanto, até a mente comum percebe a diferença. Se assim não fosse, no primeiro caso, não repudiaríamos o gesto como ofensivo nem o aprovaríamos como acertado ao aplicá-lo à prosperidade ou à opulência que gera luxúria e ostentação. Segue, portanto, e questiona se tais coisas devem ser valorizadas e apreciadas, se tivermos tal opinião de quem as possui: "Tal pessoa possui tantos bens que não sobra espaço para seu conforto".

13. Constituo-me de um elemento formal e um material. Nenhum deles morrerá e transformar-se-á em vazio, já que nenhum deles surgiu do nada. Cada parte de mim, então, transformar-se-á e alcançará novamente alguma porção do universo. Tal parte, por sua vez, transmutar-se-á em outra parte, e assim por diante, por todos os tempos. Foi assim que ganhei vida, assim como meus antepassados e todos no passado. Não existe objeção em relação a tal teoria, embora o mundo seja governado por determinados ciclos de mudança.

14. A razão e a arte de raciocinar são habilidades completas em si próprias e em meio a seus ciclos especiais. Começam com seus próprios princípios internos e seguem para seu fim determinado. Tais ações da mente indicam o curso de pensamento reto ou direito.

15. Nada deveria ser parte de um homem se não pertencer à sua natureza humana. Aquilo que não faz parte de sua essência não pode dele ser exigido e não participa da promessa ou do cumprimento da função

de sua natureza. Consequentemente, nessas coisas não está nem o fim do homem nem o bem que coroa tal fim. Além disso, se qualquer coisa fosse de fato parte de um homem, não seria adequado que ele a menosprezasse ou se revoltasse contra ela, assim como não seria louvável que dela ele dependesse. Se as coisas supérfluas fossem realmente boas, o homem que se restringe ao seu uso não seria bom, mas, como podemos notar, quanto mais ele vive sem elas e resiste à necessidade que sente delas, melhor ele será.

16. O caráter das suas impressões mais frequentes será o da sua mente. A alma puxa as cores de suas impressões, portanto, tenha pensamentos assim: onde quer que um homem possa viver, ele viverá bem. Ele pode viver na corte, portanto poderá viver bem lá. De novo, tudo acontece na direção do objetivo para o que tiver sido criado, que será o seu fim. No fim de tudo, encontram-se a vantagem e o bem. Para os seres racionais, porém, a sociedade representa o maior bem, pois desde longa data provou-se que éramos trazidos para este mundo para sermos sociais. Ora, os seres animados são superiores aos inanimados, ao passo que os racionais são superiores àqueles que apenas vivem.

17. Buscar o impossível é loucura, e é impossível que os perversos não façam algumas coisas assim.

18. Nada acontece ao homem que não esteja capacitado pela natureza a suportar. Eventos similares acontecem a outras pessoas e, ou por ignorância sobre o ocorrido ou por ostentação de magnanimidade, essas pessoas seguem firmes e ilesas. É estranho, então, a ignorância e a ostentação terem mais poder que a sabedoria!

19. Os bens materiais não podem, em hipótese alguma, tocar a alma, nem têm acesso a ela ou a subjugam ou movem. A alma é subjugada ou movida por si própria e remodela todas as coisas que se apresentam de fora, seguindo qualquer julgamento que adotar em seu interior.

20. Em um aspecto específico, o homem é o mais próximo de mim e me é mais caro, na medida em que preciso fazer-lhe o bem e ser indulgente

com ele. Em contrapartida, também, na medida em que alguns homens opõem-se a mim em minhas atividades naturais, o homem passa a entrar na categoria dos que me são indiferentes, não menos que o sol, o vento ou o animal selvagem. Como consequência, podem, de fato, impedir algum tipo de ação, mas da parte deles não ocorrerá uma interferência em relação ao meu propósito ou minha disposição interna, graças às minhas capacidades exceptivas e modificadoras. A mente pode converter e modificar tudo que impeça sua atividade; o obstáculo à sua ação torna-se sua ajuda real, e cada impedimento ajuda em seu progresso.

21. Reverencia o que há de melhor no universo, e o melhor é o que emprega todos os elementos e que a tudo conduz. Reverencia, também, o que há de melhor em ti. A natureza é a mesma, já que também faz uso de tudo o que há em ti e do que governa tua vida.

22. O que não prejudica a cidade não pode prejudicar o cidadão. Aplica tal regra sempre que acreditares ter sido prejudicado. Se o Estado não pode ser prejudicado por isso, nem eu o serei, e, caso o Estado o seja, não devemos ficar enraivecidos com quem o tenha prejudicado. Pondera sobre onde está seu descuido.

23. Pensa com frequência na velocidade com a qual as coisas que existem ou vão existir passam e são levadas embora. Sua substância é como um rio que flui eternamente. Suas ações estão em contínua mudança, e suas causas estão sujeitas a inúmeras modificações. Quase nada é estável, e as vastas eternidades formadas por passado e futuro, para dentro das quais todas as coisas são engolidas, estão próximas de nós em ambos os lados. A pessoa seria tola se envaidecida pelo sucesso das coisas mundanas ou distraída, preocupada, como se estivesse mergulhada em tempos difíceis de longa duração.

24. Lembra-te do universo da existência, no qual tua participação é mínima; do universo do tempo, do qual um breve e efêmero momento é atribuído a ti; do destino das coisas e do quão infinitesimal é tua participação nele.

25. Alguém fez algo que te atingiu? Deixa-o examinar o feito. Seu caráter e ações a ele pertencem. Hoje disponho do que me oferta a natureza das coisas e atuo como minha própria natureza agora ordena.

26. Deixa a porção que governa tua alma ficar indiferente aos intensos movimentos da carne, sejam eles suaves ou rudes. Não te mistures a eles, mantém-te à parte e confina tais paixões às suas partes corporais correspondentes; caso elas cheguem à tua alma por meio de qualquer conexão com o corpo ao qual estão ligadas, não resistas à sensação, já que ela é da nossa natureza, porém não deixes a alma, por sua vez, atribuir-lhes a concepção de que são boas ou más.

27. Vive com os deuses aquele que sempre mostra a eles sua alma, subsistindo feliz com seu destino e fazendo a vontade do espírito que habita seu ser, parte de sua própria divindade que Zeus ofertou a cada homem como seu governante e condutor. É a inteligência a razão de todos nós.

28. Estás incomodado com alguém que tem as axilas ou o hálito malcheiroso? De que serve tal aborrecimento? Assim são suas axilas e sua boca, é inevitável. Porém, você pensa que o homem é um ser racional e deveria saber discernir o que faz de ofensivo. Pois bem, tu também estás certo. Usa tua razão para alcançar a dele; instrui e adverte tal pessoa. Se ela te ouvir, tu a terás curado e não haverá motivo para aborrecimento. Não és nem ator nem prostituta.

29. A vida que pretendes ter ao partires daqui podes tê-la aqui mesmo. Entretanto, se não tens liberdade para tal, desiste da vida como se nenhum infortúnio tivesse te atingido. Se vejo fumaça em minha casa, saio. Enquanto nenhum problema me expulsar, seguirei agindo de acordo com minha vontade. E ela é a vontade de um ser racional e social.

30. A inteligência do universo age pelo todo. Por isso, criou ordens inferiores pela salvaguarda das superiores e adequou os seres superiores entre si. Observa como ela subordinou, coordenou e distribuiu cada

uma delas segundo seus méritos e envolveu os seres mais nobres em um acordo mútuo, unânime.

31. Como foi teu comportamento em relação aos deuses, teus pais, teus irmãos, tua esposa, teus filhos, teus professores, aqueles que te criaram, teus amigos, teus relacionamentos íntimos, teus escravos? Pode-se dizer que agiste de acordo com o dito "ele não foi cruel nem usou palavras grosseiras"?

Lembra-te de tudo pelo que passaste, tudo o que tiveste força de suportar. Tua vida é, agora, uma história a ser narrada, e tua missão está cumprida. Recorda-te de tantas coisas belas que vislumbraste, dos prazeres e das dores que desdenhaste da glória passada, dos homens rudes com quem foste bondoso.

32. Como as almas ineptas e ignorantes incomodam as habilidosas e inteligentes? Pergunto: o que é uma alma habilidosa e inteligente? É aquela que conhece o começo, o fim e a missão impregnada em todos os seres e que, por meio de determinados ciclos, governa eternamente o universo.

33. Em breve, serás cinzas e ossos, um nome... talvez nem isso. Um nome nada mais é do que um som e um eco vazios, e tudo o que na vida é mais valorizado é vazio, malévolo e podre. Somos como fantoches que batem uns nos outros, como crianças brigando, rindo e lamentando-se novamente.

Entretanto, a integridade, a humildade, a justiça e a verdade...

... voaram desta terra vasta para os céus.

O que, então, deveria prender-te aqui? O sentir está em constante mudança e é instável. Os sentidos são imprecisos e facilmente iludidos. A pobre alma é apenas uma emanação do sangue. A fama em tal mundo nada vale. E agora? Tu esperas calmamente a extinção ou a transformação, qualquer uma delas. E, até que a plenitude do tempo te alcance, o que te basta? O quê, além de uma vida temente e em oração aos deuses, praticando o bem, a indulgência e a clemência para com os homens?

O que quer que esteja além dos limites da carne e do sopro desta vida, lembra-te de que não te pertence nem está sob teu comando.

34. Poderás desfrutar de uma vida próspera se trilhares o caminho certo e te mantiveres fiel a ele em tudo o que pensares ou fizeres. Duas vantagens são comuns aos deuses, aos homens e a todas as almas inteligentes. Em primeiro lugar, nada que venha do exterior tem o poder de obstruí-las. Em segundo lugar, sua felicidade encontra-se no fato de que sua mente e sua conduta estão a serviço da justiça e com o poder de fazer que ela seja o objetivo de cada desejo.

35. Se o erro não foi meu pecado nem dele consequência, se não houve danos ao bem comum, por que estou preocupado com isso? Onde está o dano ao bem comum?

36. Não te deixes levar pelas emoções, mas auxilia o próximo como puderes em suas necessidades segundo teu poder. Se ele precisar de coisas sem importância, não creias que ele tenha sido prejudicado por isso, já que é o hábito que é ruim. Porém, assim como na comédia social, o velho implora para ficar com o pião de seu filho de criação como recordação, embora ele saiba muito bem tratar-se apenas de um pião e nada mais. Deves também agir assim nos assuntos da vida.

Fala bem alto: "Ó, homem, esqueceste do verdadeiro valor do que buscas?". "Não, mas várias pessoas buscam-no apaixonadamente." "Então, deves ser um louco apenas porque elas o são?"

Em qualquer um dos lugares onde eu fosse deixado, poderia ter feito fortuna, afinal o que é fazer fortuna senão trazer boas coisas para si? E as verdadeiras boas coisas são uma mente valiosa, impulsos valorosos, ações valorosas.

Fim do Quinto Livro

Livro VI

1. A substância do universo é dócil e maleável. A inteligência que a governa não possui em sua essência o mal, não é maliciosa, não é prejudicial e nada é por ela prejudicado. Por meio de sua orientação, tudo passa a existir e vai na direção de preencher seu destino.

2. Coloca em ação tua parte valorosa, não importa se sentes frio, ou se estás confortavelmente aquecido, se estás sonolento ou revigorado por teres dormido, se falam bem ou mal de ti, se estás morrendo ou fazendo outra coisa. A morte também é parte dos afazeres da vida e, aqui ou em outro lugar, já é suficiente fazer bem o que chegar às tuas mãos.

3. Olha para dentro. Não deixes a qualidade ou o valor adequados de qualquer coisa escapar de tua percepção.

4. Tudo o que existe irá modificar-se rapidamente, por rarefação, se todas as substâncias tornarem-se uma, ou por dispersão.

5. A razão governante sabe qual é sua própria condição, como e com base em que matéria seu trabalho se executa.

6. A melhor vingança é não imitar aquele que te injustiçou.

7. Encontra teu único deleite e distração passando de uma ação altruísta para a próxima, sempre com Deus em mente.

8. Tua parte governante é a que desperta e se conduz, moldando-se como acredita que deve ser e fazendo com que tudo o que acontecer apareça de acordo com sua vontade.

9. Todas as coisas são alcançadas segundo a vontade da natureza universal. Não existe outra natureza que irá influenciá-las e que as compreenda de fora, ou que seja nelas contida, ou que exista externamente, de forma independente delas.

10. O universo é confusão, emaranhada e desemaranhada novamente, ou uma unidade compacta de ordem e pensamento antecipado. Se for o primeiro cenário, por que desejaria eu permanecer em meio a tais caos e confusão sem rumo ou ter qualquer preocupação além de "como voltar a ser terra novamente?". Por que estou tão perturbado? A dissolução dominar-me-á, não importa o que eu faça. Porém, se o cenário for o segundo, adoro o Governante de todas as coisas, mantenho-me firme e ereto e deposito Nele minha confiança.

11. Quando a situação te conduzir a problemas, volta rapidamente para ti próprio e não interrompas mais do que o necessário o ritmo da vida. Tua compreensão sobre a harmonia aumentará e será mais certeira por meio da contínua recorrência a ela.

12. Se tivesses ao mesmo tempo uma madrasta e uma mãe, respeitarias a primeira, mas conviverias mais com tua mãe. Tua corte e tua filosofia são tua madrasta e tua mãe. Volta sempre para a tua verdadeira mãe e recria-te junto a ela. Sua consolação pode fazer a corte parecer-te suportável e vice-versa.

13. Em se tratando de carnes e comestíveis, lembra: o que está diante de ti é a carcaça de um peixe, uma ave, um suíno. Tratando-se de Falerno, isso nada mais é do que um suco de uva. Pensa em tuas togas de cor púrpura como pelo de ovelha tingido de sangue de um molusco. Tais concepções, que alcançam a realidade e mostram o resumo e a substância de tais objetos, são, de fato, poderosas para que vejamos seus valores desprezíveis. Ao longo de nossas vidas, deveríamos agir imbuídos de tal

espírito, e, quando se apresentarem coisas de grande valor aparente, deveremos desnudá-las, perscrutar suas baixezas e abandonar a descrição atraente que as faz parecer tão gloriosas. A vaidade é uma grande sofista e se impõe sobre nós quando acreditamos estar dedicados aos mais nobres fins. Lembra-te do que diz Crates sobre o próprio Xenócrates.

14. A maioria dos objetos vulgares que admiramos pode estar ligada a determinadas classes gerais. Em primeiro lugar, existem aqueles unidos pela coesão ou por alguma unidade orgânica, como uma pedra, madeira, figos, videiras ou oliveiras. As coisas admiradas pelos homens mais racionais estão ligadas à categoria com vida animal, como se vê em rebanhos de maior ou menor porte. Quando o gosto de um homem é ainda mais refinado, sua admiração volta-se para elementos capazes de apresentar inteligência racional. Entretanto, ele não admira tal inteligência como um princípio universal, mas apenas enquanto ele a encontra na arte ou na indústria ou, de fato, às vezes apenas enquanto ela aparece com sua comitiva de escravos artistas. Porém, aquele que valoriza a inteligência racional como algo universal e como uma força social ignorará os outros objetos dignos de admiração. Acima de todas as coisas, ele lutará para preservar sua própria mente com todos os seus instintos e atividades racionais e sociais; com tal objetivo, ele cooperará com qualquer semelhante.

15. Algumas coisas apressam sua existência. Outras apressam seu fim. Quando algo nasce, uma parte sua já está morta. O fluxo e a mudança renovam constantemente o mundo, assim como o fluxo de tempo ininterrupto apresenta-nos uma nova parte da eternidade. Nesse vasto rio, cuja superfície está em constante movimento, o que existe em meio às coisas que passam flutuando diante de nossos olhos e que valha o prêmio? É como se um homem se apaixonasse por um pardal em meio ao voo passageiro de vários deles, quando ele já tivesse desaparecido de seu campo de visão. Nossa vida é como um vapor do sangue ou um movimento no ar. Nossas ações momentâneas de inspirar e expirar são

iguais à plena capacidade de respirar que ainda ontem ou anteontem recebemos ao nascer e que precisamos devolver mais uma vez para a sua origem.

16. Transpirar como fazem as plantas ou respirar como fazem o gado e os animais selvagens é um privilégio reduzido. Perceber as sensações do sentir, ser influenciado como um fantoche pela paixão, agrupar-se e viver de pão – nenhuma dessas coisas é grandiosa. Nada aqui é superior ao nosso poder de descartar a comida que nosso organismo não aproveita. O que, então, tem valor? Ser recebido com palmas? Não. Nem o bater das línguas, já que os louvores da multidão nada mais são do que isso. Abre mão da vaidade chamada fama e o que resta a ser valorizado? O seguinte, creio: em todas as tuas ações ou todas as vezes em que não agiste, como melhor convier à estrutura específica da tua natureza. Este é o objetivo de todas as artes e estudos, pois cada arte tem como meta adaptar muito bem o que é produzido ao trabalho para o qual foi destinada. O jardineiro, o vinhateiro, o domador de cavalos, o adestrador de cães, todos querem isso. O que mais seria objetivo de toda educação e ensinamentos? Eis, assim, o que deves valorizar verdadeiramente: se alcançares com sucesso tal objetivo, nada mais buscarás. Então, não mais valorizarás as inúmeras outras coisas? Se não conseguires tal feito, nunca alcançarás a liberdade, a autossuficiência ou a tranquilidade. Não podes evitar os sentimentos de inveja, desconfiança e luta contra aqueles que têm a capacidade de privá-lo daquilo de que mais gostas, nem evitar tramar contra aqueles que possuem o que teu coração almeja. O homem que não tem uma dessas coisas deve, necessariamente, estar distraído e eternamente insatisfeito com os deuses. Porém, a reverência e o respeito pela tua própria inteligência trarão para ti a paz contigo mesmo, a harmonia com a humanidade e com os deuses, a quem louvarás por todos os seus bons presentes e orientações.

17. Os elementos movimentam-se para cima, para baixo e de maneira circular, mas os movimentos da virtude são diferentes de todos eles,

pois seguem um caminho mais divino, direcionado com precisão, de tal maneira que seu entendimento nos é difícil.

18. O comportamento dos seres humanos é estranho! Eles não são simpáticos em relação às pessoas com quem convivem, entretanto valorizam muito a glorificação posterior daqueles que nunca viram ou verão. Da mesma forma, sofremos por não podermos ouvir os louvores de nossos antepassados.

19. Se algo te parecer muito difícil de realizar, não concluas que está além do poder humano. Entretanto, se notares que algo está dentro das capacidades do ser humano e é parte de seu trabalho inerente, conclui que tu também podes realizar tal feito.

20. Durante alguma atividade física, se alguém nos arranhar ou ferir nossa cabeça, não expressaremos ressentimentos, não ficaremos ofendidos nem suspeitaremos futuramente de tal pessoa como alguém que trama contra nós. Entretanto, de fato, ficamos atentos em relação a tal pessoa, mas não como se fosse um inimigo ou suspeito. Com educação, apenas ficamos fora do seu caminho. Portanto, comportemo-nos assim em outros assuntos da vida e ignoremos as muitas ofensas feitas contra nós, como se fossem do outro time na atividade física do mundo. Como eu disse antes, vamos ficar fora do seu caminho, mas sem desconfiança ou ódio.

21. Se alguém for capaz de me convencer e mostrar que estou errado quanto a um pensamento ou ação, eu me modificarei com satisfação. Busco a verdade, e a verdade nunca magoou ninguém. O que magoa é persistir no erro ou na ignorância.

22. Cumpro meu dever e, quanto ao restante, não me distraio com nada que seja inanimado ou irracional ou, ainda, com quem perdeu ou desconhece seu caminho.

23. Faze uso dos animais irracionais, assim como de todos os bens materiais, imbuído do espírito de magnanimidade e liberdade de quem raciocina ao fazer uso de quem não raciocina. Quanto aos seres humanos,

que raciocinam, age imbuído do espírito social. Em tudo o que fizeres, chama os deuses para que te ajudem, e não te preocupes com a duração das coisas, já que três horas nisso são suficientes.

24. Quando morreram, Alexandre da Macedônia e seu muleteiro ficaram nas mesmas condições. Ou transformaram-se na força seminal de todas as coisas ou foram dispersados em meio aos átomos.

25. Considera todas as coisas, tanto físicas quanto as espirituais, que estão em atividade dentro de cada um de nós no mesmo instante, então não te impressionarás tanto com a imensa quantidade de coisas que existem ao mesmo tempo no todo único que chamamos de universo.

26. Caso te perguntassem como se escreve o nome Antonino, pronunciarias cuidadosamente cada uma das letras? Se começarem a brigar por isso, também ficarias enraivecido e não pronunciarias calmamente todas as letras? O mesmo vale para a vida: lembra-te de que cada dever é formado por uma série de elementos. Deveríamos observar calmamente um por um e, sem nutrir raiva em relação a quem nutre raiva de nós, deveríamos nos empenhar e cumprir a tarefa diante de nós.

27. Não seria cruel impedir que os homens sigam em direção ao que parece ser uma vantagem para eles? Ainda assim, de certa forma, tu lhes nega tal liberdade quando te enraiveces diante dos seus erros. Os homens são certamente atraídos pelo que parece ser uma vantagem para eles. Tu dirás que sim, mas que não são vantagens. Então, instrui tais homens e mostra-lhes isso, mas sem rancor.

28. A morte é o fim das impressões sensoriais dos impulsos oriundos das paixões, dos questionamentos racionais e da escravidão da carne.

29. É uma vergonha e desonra o fato de, na vida de qualquer pessoa, a alma desfalecer ao executar seus deveres, enquanto o corpo ainda se mantém firme.

30. Presta atenção para não fazeres como César; evita tal mácula, pois isso pode acontecer. Mantém tua simplicidade, bondade, sinceridade, dignidade, discrição, teu amor pela justiça, tua piedade, generosidade,

afeição pelo teu semelhante à constância diante do teu dever. Esforça-te sinceramente para prosseguir da maneira que a filosofia faria para ti. Reverencia os deuses e ajuda a humanidade. A vida é curta, e o fruto a ser colhido neste mundo é uma mente pura e uma conduta altruísta. Em todas as coisas, sê um discípulo de Antonino. Imita sua constância resoluta na ação racional, seu nível de equanimidade, sua piedade, sua fisionomia serena, seu temperamento doce, seu desdém pela ostentação, seus esforços veementes para compreender as coisas. Lembra-te de que ele nunca desistia de algo até ter examinado e compreendido a questão em detalhes; de como ele tolerava aqueles que o recriminavam injustamente, sem retribuir de maneira agressiva; de como ele nunca estava com pressa; de como desencorajava as calúnias; do quão de perto ele analisou o comportamento e as ações dos homens; do quão cuidadoso ele foi ao repreender qualquer pessoa; de como era livre do medo, das suspeitas ou dos sofismas; de como ele se satisfazia com pouco quanto a moradia, móveis, roupas, comida, funcionários; de como era paciente com o trabalho e lento em relação à raiva. Tão abstêmia era sua vida que ele ficava até o fim do dia sem evacuar, fazendo-o no horário adequado. Que amigo firme e leal ele foi, paciente ao lidar com a franca oposição a suas opiniões, alegre pelo fato de alguém lhe mostrar um caminho correto! Era muito religioso e, ainda assim, não era supersticioso! Segue os passos dele, e tua hora final chegará para ti com uma consciência tão leve quanto a dele.

31. Pensa com razão, raciocina. Liberta-te de teu sono e lembra-te de que foi um sonho que te preocupou e agora que estás bem desperto novamente; olha para o mundo real como olhaste para o sonho.

32. Sou feito de um corpo frágil e uma alma. Para o corpo, todas as coisas são indiferentes, já que ele não é capaz de diferenciá-las. Para a mente, tudo o que não esteja ligado às suas próprias atividades é indiferente. Tudo está em seu poder, mas a mente está concentrada no presente. Suas ações passadas e futuras lhe são indiferentes no presente.

33. Os trabalhos das mãos ou dos pés não são contra a natureza, desde que sejam adequados para mãos e pés. O trabalho não é contrário à natureza do ser humano, desde que ele execute um trabalho adequado. Se não for contrário à sua natureza, não lhe será prejudicial.

34. Quantos são os prazeres desfrutados por bandidos, libertinos, parricidas e tiranos!

35. Não vês como os artesãos comuns, embora entretenham o público até certo ponto, apegam-se às regras de sua arte e não podem resistir ao seu abandono? Então, não é doloroso que o arquiteto e o médico tenham grande respeito pelas normas de suas profissões, que o homem tenha respeito por seu próprio raciocínio, que ele possui em comunhão com os deuses?

36. A Ásia e a Europa são apenas cantos do mundo. O mar inteiro nada mais é do que uma gota. Atos é apenas um pedaço de terra. O presente nada mais é do que um instante na eternidade. Todas as coisas são pequenas, mutáveis e fugazes. Tudo vem da inteligência universal, seja de forma direta, seja como consequência. Assim, as mandíbulas dos leões, os venenos e tudo o que existe de malévolo, como espinhos ou lama, resulta do grandioso e do belo. Portanto, não penses que são estranhas a tudo aquilo que reverencias, mas lembra-te muito bem da origem de todas as coisas.

37. Aquele que vislumbrou o presente viu tudo o que já foi ou será por toda a eternidade, já que todas as coisas são similares em tipo e forma.

38. Lembra-te sempre da ligação existente entre todas as coisas no universo e de sua relação umas com as outras. Todas as coisas estão, de alguma forma, entrelaçadas e são, portanto, mutuamente amigáveis, já que uma coisa vem na ordem certa após a outra, em função dos movimentos locais e da harmonia e unidade do todo.

39. Adapta-te às coisas que teu destino te ofertou; ama cada uma das que te cabe viver com sincera afeição.

40. Uma ferramenta, um instrumento, um utensílio cumprem bem sua função quando servem ao seu trabalho, embora quem os tenha produzido esteja distante. Porém, na engrenagem dos organismos da natureza, existe o poder que as gerou. Assim, deves reverenciar tal poder, acreditando que, se agires de acordo com sua vontade, tudo te acontecerá dentro da razão. O mesmo ocorre com o universo, com base no raciocínio.

41. Ao imaginarmos que qualquer coisa que não está no nosso poder é boa ou ruim para nós, se o mal nos atingir ou se perdermos de vista o bem, inevitavelmente culparemos os deuses e odiaremos os homens que são ou que acreditamos serem a causa do nosso desastre ou da nossa perda. Nossa preocupação com tais coisas resulta em grandes injustiças. Porém, se julgarmos apenas as coisas boas ou más que estão ao nosso alcance, não há motivo para acusar os deuses ou odiar os homens.

42. Todos estamos atuando juntos em uma grande obra, alguns com conhecimento e compreensão, outros de maneira ignorante e sem destino. Nesse sentido, acho que foi Heráclito quem disse que os homens trabalham mesmo quando dormem, atuando juntos em tudo o que está sendo feito no universo. Cada um trabalha de maneira diferente, e mesmo aqueles que reclamam e tentam se opor para prejudicar o rumo da natureza contribuem imensamente. O mundo também precisa deles. Cabe a ti certificar-te de qual é a classe a que pertences. Com certeza, a mente que governa o universo utilizará teus trabalhos para um bom fim, de uma maneira ou de outra, e colocará teu nome na lista dos seus trabalhadores. Entretanto, fica atento para que a parte que te cabe não seja no papel vulgar ou cômico da peça da qual Crísipo falou.

43. O sol finge fazer o trabalho da chuva, ou Asclépio finge fazer o trabalho de Ceres? Cada um dos astros não é diferente e, mesmo assim, não é fato que todos trabalham juntos para alcançar o mesmo objetivo?

44. Se os deuses conversassem sobre mim e sobre o que deveria comigo acontecer, sem dúvida tal deliberação teria sido bem-sucedida. É difícil imaginar os deuses premeditando, e o que poderia fazer com que

eles me prejudicassem? Que vantagem resultaria disso, seja para eles, seja para o universo de que cuidam com tanto zelo? Se não tiverem deliberado especificamente sobre mim, com certeza deliberaram sobre os interesses do universo, e eu, portanto, aceitaria alegremente o destino que para mim foi reservado. Se, de fato, eles não deliberam sobre nada (o que seria ímpio de acreditar), então abandonemos nossos sacrifícios, nossas orações e nossos juramentos e todos os atos de devoção que agora executamos como se eles vivessem entre nós. Porém, considerando que os deuses não dediquem seus pensamentos às minhas questões, ainda posso deliberar sobre mim. É minha função deliberar sobre meus próprios interesses. Entretanto, os interesses de cada um são aqueles que seguem de acordo com a estrutura de sua natureza, e a minha natureza é racional e social. Como Antonino, minha cidade e meu país são Roma; como um ser humano, são o mundo. Assim, o que beneficia as duas cidades também pode me beneficiar.

45. Tudo o que acontece ao indivíduo é em benefício do todo. Isso já seria suficiente. Mas, se analisares com atenção, verás que também é uma verdade universal que tudo o que acontece a um homem é em benefício do restante da humanidade. No caso, "benefício" deveria ser interpretado no sentido mais amplo, referindo-se às coisas indiferentes.

46. No anfiteatro e em outros locais, os espetáculos são similares, apresentados constantemente, e assim nos cansamos. O mesmo acontece na nossa experiência de vida. Todas as coisas, do início ao fim, são similares e delas derivam. Quando será o fim?

47. Pensa sempre em todos os homens que já morreram, de todos os tipos, ocupações e nações. Volta para Filístion, Febo e Origânion. Segue com outras gerações de mortos. Todos mudaremos nossos lares e iremos ao lugar para onde antes partiram tantos grandes oradores, tantos filósofos veneráveis, Heráclito, Pitágoras, Sócrates e tantos outros heróis, seguidos por tantos generais e príncipes. Acrescenta a eles Eudoxo, Hiparco, Arquimedes e outros espíritos ávidos, magnânimos,

trabalhadores, espertos e arrogantes, que se dispuseram a fazer pouco caso desta vida efêmera e mortal que não passa de um dia, como fizeram Menipo e seus irmãos. Lembra-te de que todos estão em seus túmulos há muito tempo. Onde está o dano feito a eles ou mesmo aos homens cujos nomes nem mesmo são lembrados? O que há de valioso na vida é atravessá-la por meio de uma estrada constante de verdade e justiça, com benevolência mesmo para com os falsos e injustos.

48. Quando decidires regozijar-te, pensa nas inúmeras qualidades daqueles que vivem ao teu redor. Lembra-te da atividade de um deles, da modéstia de outro, da generosidade de um terceiro e das outras qualidades do restante. Nada alegra mais o coração do que a bondade – quanto mais, melhor – manifestada pelas pessoas que convivem conosco. Portanto, tenhamos sempre tais qualidades em mente para reflexão.

49. Sentes-te descontente por pesar apenas algumas poucas libras, e não trezentas? Existe um motivo para aborrecer-te por viveres uma quantidade de anos e não mais? Estás satisfeito com a porção de matéria a ti reservada; contenta-te com o tempo a ti destinado.

50. Tenta convencer as pessoas a concordar com tuas opiniões, mas, quer elas concordem, quer não, segue o curso que estabeleceste, quando os princípios da justiça indicarem tal caminho. Se alguém se opuser a ti à força, age com resignação e não te mostres ofendido; usa a obstrução para exercitar alguma virtude e lembra-te de que o teu objetivo envolvia a restrição de não objetivares coisas impossíveis. Afinal, qual era o teu objetivo? Esforçar-te bastante. Bem, então, foste bem-sucedido, mesmo que teu primeiro objetivo não tenha sido alcançado.

51. Aquele que se vangloria sente felicidade com a ação dos outros. O amante das sensações, com suas próprias emoções. O homem sábio, com seu próprio trabalho.

52. Tens o poder de não formar uma opinião sobre uma coisa ou outra, alcançando, assim, tranquilidade. Os bens materiais não têm a capacidade de formar nossas opiniões por nós.

53. Acostuma-te a ficar bem atento ao que os outros dizem e, sempre que possível, a penetrar na mente de quem fala.

54. Aquilo que não beneficia o enxame não beneficia a abelha.

55. Se os marinheiros insultam seu timoneiro, ou se os doentes insultam seu médico, a quem obedecerão e seguirão? Como o timoneiro garantirá a segurança da tripulação ou o médico garantirá a saúde de seus pacientes?

56. Quantos dos que entraram no mundo comigo já partiram?

57. Quem tem icterícia acha o mel amargo, e a água apavora quem foi mordido por um cão raivoso. Para os garotos, uma bola é algo maravilhoso. Então, por que estou com raiva? Um pensamento ruim tem menos força do que a bile na pessoa com icterícia ou um pouco de veneno em quem foi mordido?

58. Ninguém te pode impedir de viver segundo o plano da tua natureza, e nada te pode oferecer fora do plano da natureza do universo.

59. Pensa em quem são os homens, a quem procuram agradar, o que esperam receber e como seguem na direção de seus objetivos. Imagina que a eternidade logo envolverá com uma mortalha todas as coisas e quanto já foi envolvido por essa mortalha.

Fim do Sexto Livro

Livro VII

1. O que é o mal? É o que viste com frequência. Cada vez que ele acontecer, lembra que já viste isso antes. Busca acima e abaixo e encontrarás isso em toda parte. Entre os acontecimentos que fizeram história em qualquer época; entre as muitas coisas das nossas cidades e dos nossos lares. Nada é novo, tudo é familiar.

2. Como os grandes princípios da vida podem morrer se as impressões que a eles correspondem não se extinguem? Tais impressões ainda podem ser reanimadas. Sempre posso ter uma opinião própria sobre uma coisa ou outra, e por que inquietar-me se é assim? O que é exterior à minha mente não gera consequências para ela. Aprende isso e estarás com a razão; sempre poderás renovar tua vida. Olha novamente para as coisas como já olhaste uma vez, e tua vida será renovada mais uma vez.

3. Teu interesse fútil por espetáculos, peças, rebanhos, tuas pequenas lutas, são como ossos jogados aos cães para acalmá-los, como iscas arremessadas aos peixes, a labuta extenuante das formigas e os fardos que carregam; são como a corrida dos ratos assustados ou as marionetes manipuladas por fios. Então, é teu dever, em meio a tudo isso,

manter-te firme, gentil e humilde, compreendendo que o valor de um homem é apenas o valor do que ele busca.

4. Nos diálogos, devemos prestar muita atenção ao que é dito e, em qualquer empreendimento, devemos ficar atentos ao que é feito. Neste caso, avalia imediatamente o objetivo avistado e, no primeiro, observa o significado implícito.

5. Minha compreensão é suficiente ou não para tal empreitada? Se for suficiente, eu a utilizarei para o trabalho como instrumento a mim conferido pela natureza. Se não for suficiente, cederei lugar a alguém mais preparado para a função, ou, caso não seja uma opção adequada, farei o melhor que puder, solicitando auxílio daqueles que, conduzindo meus pensamentos, possam realizar algo de qualidade e utilidade para o bem comum. Tudo o que eu fizer, seja sozinho, seja com a ajuda de outros, deve ter como objetivo somente o que for adequado e útil para o bem comum.

6. Quantos uma vez foram célebres e caem no esquecimento? E quantos deles estão mortos?

7. Não te envergonhes por pedir ajuda. Deves fazer a tua parte, como faz um soldado no muro. Se fores manco e não puderes escalar os muros sozinho, mas se puderes fazê-lo com a ajuda de alguém, qual seria o problema?

8. Não te preocupes com o futuro. Chegarás a ele, se necessário for, com a mesma habilidade de raciocinar que tens hoje.

9. Todas as coisas estão entrelaçadas por um elo sagrado. Raras são aquelas desconhecidas entre si. Estão todas agrupadas e ligadas, para formar o mesmo todo ordenado. O universo, que contém todas as coisas, é um só. A divindade flui através de todas as coisas, é única, e a lei, a razão, comum a todas as criaturas inteligentes. A verdade também é uma só, e existe apenas um tipo de perfeição possível para todos os seres da mesma natureza e que partilham o mesmo poder racional.

10. Tudo o que é material logo é engolido pela matéria do todo, e cada causa ativa é direcionada para a razão universal. A memória de todas as coisas é rapidamente enterrada na eternidade.

11. Seguindo o raciocínio lógico, agir de acordo com a natureza é agir segundo a razão.

12. Sê correto naturalmente ou após teres te corrigido.

13. Numa unidade orgânica, os membros do corpo atuam da mesma maneira como seres racionais atravessando existências independentes, já que são moldados para executarem uma operação única. Tal pensamento te alcançará se disseres com intensidade a ti mesmo: "Sou integrante do poderoso organismo criado para os seres racionais". Se, no lugar de um membro, disseres que és apenas uma parte, não terás alcançado o verdadeiro amor pela humanidade. Se buscas o benefício apenas como um dever, não praticas o bem como a ti mesmo.

14. Do mundo exterior, deixa que afete quaisquer partes tuas que estejam à mercê de tal sentimento. Deixa reclamar a parte que sofre. Quanto a mim, se não admitir que o acaso seja do mal, permanecerei ileso. Não o admitir como tal certamente está em meu poder.

15. Independentemente de as pessoas dizerem e fazerem o que quiserem, devo ser um bom ser humano, como o ouro, as esmeraldas ou a púrpura dissessem continuamente: "Deixa os homens fazer ou dizer o que quiserem, serei sempre uma esmeralda e conservarei meu brilho".

16. A alma que te guia não sofre vexame. Por exemplo, ela não desperta seus próprios temores ou desejos. Se um terceiro for capaz de despertar-lhe dor ou terror, deixa-o fazê-lo. Por suas próprias impressões, a alma não será conduzida a tais emoções.

Deixa o corpo agir por si mesmo, se puder, para que não sofra ou se queixe ao sofrer. A alma, veículo pelo qual experimentamos a dor e a mágoa e por onde, de fato, recebemos quaisquer impressões a esse respeito, não admitirá tal sofrimento. Tu não podes forçá-la a tal opinião.

A porção dominante é, em si, independente, a não ser que crie algum tipo de dependência. Da mesma maneira, ela estará livre de quaisquer perturbações e impedimentos se ela própria não se perturbar ou impedir.

17. Ser feliz é ter um bom espírito ou uma boa mente. O que fazes neste caso, Imaginação? Parte para o lugar de onde vieste. Não preciso de ti. Disseste que vieste segundo teu antigo costume. Não estou irritado contigo, apenas parte!

18. Tens medo da mudança? O que pode acontecer sem ela? O que pode ser mais agradável ou adequado à natureza do universo? Podes aquecer teu banho sem que a madeira se transforme? Podes ser alimentado sem que o alimento sofra alguma modificação? Qualquer coisa útil pode ser executada sem mudanças? Não vês, então, que tal mudança que se processa em ti também acontece, necessariamente, com a natureza do universo?

19. Pela substância do universo, como se fosse uma torrente, passam todos os corpos. Todos têm a mesma natureza, parceiros no todo, como nossos inúmeros integrantes são parceiros entre si. Quantos Crísipos, Sócrates e Epictetos o passar do tempo engoliu? Lembra-te disso a respeito de cada ser humano, em todas as ocasiões.

20. Uma só coisa me preocupa: que eu nada faça que agrade a natureza humana, que eu faça algo que ela não queira ou, ainda, nada que ela deseje.

21. Logo esquecerás tudo e tudo terá te esquecido.

22. É típico do ser humano amar até mesmo aqueles que transgridem as normas. Alcançarás tal amor se compreenderes que até os pecadores são teus iguais e que eles pecam por ignorância e contra a sua vontade. Lembra-te de que, em breve, vocês morrerão. Lembra-te, antes de qualquer coisa, de que eles não te prejudicaram, já que não tornaram tua alma pior do que era antes.

23. Assim como a cera, a natureza governante da substância universal agora molda um cavalo, desmancha-o novamente, transformando sua matéria numa árvore, depois em um homem e, mais uma vez, em algo diferente. Cada uma dessas formas perdura apenas por pouco tempo. Mesmo assim, nada há de temível na destruição da arca, assim como em sua formação.

24. Um olhar raivoso é completamente contrário à natureza. Quando a fisionomia se deforma com frequência, sua beleza finda e, no fim, é para sempre extinta, sem possibilidade de ser reavivada. Com base nisso, busca entender que é contrário à lógica. E, se o sentido de erro moral também se extinguir, por que viver?

25. Em um pequeno espaço, a natureza, governante suprema e universal, modificará todas as coisas e fará outras usando sua substância, de maneira que o universo esteja em eterna renovação.

26. Quando alguém te ofender, reflete imediatamente de que maneira essa pessoa falhou em suas concepções de bem e mal. Assim que perceberes onde está a falha, terás pena dela e não te sentirás surpreso ou aborrecido. Na verdade, talvez consideres o bem erroneamente, da mesma maneira que ela. Teu dever, portanto, é perdoar. E, se descontinuares tais ideias falsas sobre o bem e o mal, perceberás que é mais fácil que tu sejas indulgente com aquele que ainda está enganado.

27. Não consideres o que te falta tanto quanto o que já tens. Escolhe o que de melhor tiveres e percebe o quanto desejarias tal coisa caso ela não fosse tua. Mas sê vigilante para não te comprazeres muito com ela; assim, se ela te faltar, não ficarás aflito.

28. Recolhe-te para dentro de ti mesmo. O poder racional que te governa naturalmente encontrará contentamento consigo próprio ao atuar com justiça e ao sentir a calma que tal ação traz.

29. Apaga a imaginação. Controla os impulsos brutais das paixões. Restringe tuas energias ao tempo presente. Observa com clareza tudo o que acontece a ti ou a outra pessoa. Divide e analisa todos os objetos em causa e matéria. Pensa na tua última hora. Deixa o pecado de outrem ficar onde está a culpa.

30. Concentra-te no que é dito. Mergulha em todos os acontecimentos e suas causas.

31. Regozija-te com a simplicidade, a modéstia e a indiferença em relação a tudo o que está entre o bem e o mal. Ama a humanidade e

obedece a Deus. Alguém diz que todas as coisas seguem na lei e na ordem. Porém, e se nada houver além dos átomos? Mesmo que assim seja, basta lembrar-te de que todas as coisas, salvo pouquíssimas exceções, são influenciadas pela lei.

32. Sobre a morte: se o universo for a confluência de átomos, a morte representa sua dispersão. Se for tão somente uma unidade dotada de ordem, a morte então será a extinção ou a mutação para outro estado.

33. Sobre a dor: a dor que não pode ser suportada nos traz a libertação. A dor duradoura é suportável. A mente pode abstrair-se do corpo, e a alma não é afetada. Quanto às partes afetadas pela dor, deixa-as, se puderem, protestar.

34. Sobre a glória: pensa sobre a compreensão humana, sobre o que ela evita e o que busca. Assim como os montes de areia são arremessados uns sobre os outros e os de cima enterram e escondem os de baixo, na vida o que ocorre antes logo é enterrado pelo que vem depois.

35. Sobre Platão: "Pode a vida parecer importante para o homem de verdadeira grandeza de pensamentos, que contempla o tempo e a existência como unidades? Impossível, responde o outro. Então, ele tampouco considera a morte terrível? Não, de fato".

36. Sobre Antístenes: cabe ao rei fazer o bem e, ainda assim, receber censuras.

37. É vergonhoso que o semblante deva obedecer a mente, comportar-se como a mente ordenar, ao passo que a mente não pode comportar-se como deseja.

38. É vã a irritação com tudo o que é externo, já que as coisas de fora desconsideram tal sentimento.

39. Dá alegria para nós e para os deuses imortais.

40. A vida é como uma colheita que devemos ceifar;
Algumas espigas caem, e outras, não colhidas, ali ficam.

41. Se eu e meus filhos somos negligenciados pelos deuses,
Um bom motivo deve haver.

42. Caminho lado a lado com a ordem e a justiça.

43. Não te lastimes nem te agites com eles.

44. Sobre Platão, eu lhe daria esta resposta justa: "Estás enganado, amigo, ao acreditar que um homem de qualquer valor deveria contar as suas chances de viver e morrer. Não seria correto que, em tudo o que fizesse, ele procurasse apenas saber se está agindo justa ou injustamente, se está fazendo a parte que lhe cabe como um homem bom ou mau?"

45. Ele diz novamente: "De fato, atenienses, a questão permanece: onde quer que uma pessoa tenha escolhido uma posição, considerando-a mais adequada para si, ou onde quer que ela esteja por ordem de seu comandante, creio que ali ele deva ficar de qualquer maneira, não levando em conta a morte ou qualquer outro mal ou desonra".

46. Novamente: "Reflete, amigo, se o verdadeiramente nobre e bom não é algo bem distante de salvar e ser salvo. O verdadeiro homem, de fato, não deveria pautar seus dias em viver alguns anos, nem fazer disso o fim de seu desejo. Ele deveria, sim, empenhar sua matéria de acordo com a vontade de Deus, concordando com o que costumam dizer todas as mulheres: 'nenhum homem pode escapar de seu destino' e avaliando, além disso, a melhor maneira de passar sua vida restante".

47. Contempla os caminhos das estrelas, já que teus movimentos deveriam acompanhá-los. Também pensa sempre nas mudanças dos elementos, de um para o outro. Tais reflexões promovem uma limpeza da sujeira desta vida terrena.

48. Boa reflexão de Platão: quando fazemos discursos sobre os seres humanos, devemos "olhar para baixo, como se estivéssemos em um local mais alto". Vale para multidões, exércitos, casamentos, despedidas, nascimentos e mortes, tumultos dos tribunais, locais desertos da terra, espetáculos variados de nações selvagens, banquetes e lamentações; comércios, misturas de todas as coisas e a ordem que nasce de sua contrariedade.

49. Avalia o passado e as revoluções de tantos impérios; assim, irás antever o futuro. Ele será o mesmo em todas as coisas, e os eventos não

podem modificar o ritmo com que hoje se movimentam. Por isso, é a mesma coisa olhar para a vida humana durante quarenta anos ou muitos mais. O que mais há para se ver?

50. Para a terra volta tudo o que da terra brotou,
Mas o que possui semente celestial vai para o céu.
É a separação de um grupo de átomos ou a dispersão similar dos elementos imutáveis.

51. Pela comida, bebida, fascinação e artes mágicas
O curso da morte queriam desviar e, assim, escapar

. . . .

À tempestade que vem de Deus precisamos resistir
Labutando, mas não resmungando...

52. Ele é melhor lutador que tu, mas não é mais imbuído de espírito público, modesto ou mais bem-preparado para os acidentes do destino nem mais gentil em relação às falhas de seus vizinhos.

53. Onde quer que possamos agir de acordo com a razão comum aos deuses e aos homens, nada teremos a temer. Onde pudermos nos servir de atividades prósperas que ocorrem em concordância com a constituição de nossa natureza, não precisamos nos preocupar com nenhum dano.

54. Em todos os lugares e tempos, deves aceitar com devoção o que te acontece e agir com justiça em relação aos que te acompanham. Deves lidar com o sofrimento para compreender todas as ideias que surgirem, e ninguém pode roubar-te antes que as compreenda.

55. Não queiras desvendar à força as almas de outrem, mas olha diretamente para o objetivo determinado pela natureza para ti; enfraquece a natureza do universo pelos eventos externos e enfraquece tua própria natureza pela tendência da tua própria ação. Cada ser deve executar a parte para o qual foi criado. Todos os outros seres foram criados em função daqueles em meio a eles que têm inteligência, assim como todas

as coisas inferiores existem em função das coisas superiores a elas. Os seres racionais foram criados uns para os outros. O mais importante princípio na natureza humana é, assim, o social; o segundo é vencer as exigências do corpo, pois é adequado para o trabalho racional que se estabeleçam limites para ambos e nunca ser subjugado pelos chamados dos sentidos ou pelos impulsos da paixão, sendo ambos de natureza animal. O intelecto exige reinar sobre eles e nunca a eles sujeitar-se. Isso é acertado, já que é equipado para comandar e fazer uso de todos os poderes inferiores. O terceiro elemento na constituição de um ser racional é o cuidado em relação à impulsividade e ao engano. Deixa a alma avançar em seu caminho com retidão, com base em tais princípios, e ela se empossará plenamente de suas capacidades.

56. Considera-te morto, tua vida terminada e parte do passado. Vive o que ainda te resta segundo as leis da natureza como um presente concedido a ti além do que esperavas.

57. Ama somente o que o acaso te trouxer, que chegar a ti como tua parte no grandioso movimento do destino. Afinal, o que poderia ser melhor para ti?

58. Em cada incidente, lembra-te daqueles que passaram por algo similar. Enfureceram-se com o ocorrido, espantaram-se e reclamaram. Agora, porém, onde estão? Partiram para sempre. Por que agirias da mesma maneira? Deixa tais comoções artificiais para os homens volúveis, que mudam e passam por mudanças. Pensa em uma maneira útil de aproveitares tais eventos. Eles farão a diferença nas boas ações. Deixa que teu único esforço e desejo seja o de seres aprovado por ti mesmo em cada ação tua e lembra-te de que os objetos materiais de tal esforço e desejo são indiferentes.

59. Olha para dentro. É lá que mora a fonte do bem, e ela vai jorrar sempre se cavares constantemente.

60. Mantém teu corpo firme, sem irregularidades, sejam elas nos movimentos ou nas posturas, pois, quando a alma se mantém sábia

e graciosa, o mesmo poder expressivo será exigido do corpo todo. Entretanto, tudo deve ser praticado sem afetação.

61. A arte da vida é mais similar ao lutador do que ao dançarino. O primeiro precisa estar sempre pronto, com a guarda ativa, e manter-se firme contra os esforços repentinos, inesperados de seu adversário.

62. Considera sempre como são as pessoas cuja aprovação desejas ter e como deve ser o caráter de suas almas. Assim, não as acusarás caso cometam erros involuntários nem necessitarás de suas aprovações quando analisares suas opiniões e desejos.

63. Platão diz: "Cada alma separa-se involuntariamente da verdade". Podes dizer o mesmo sobre justiça, temperança, bondade e todas as virtudes. É essencial manter isso em mente, já que, se o fizeres, será mais benevolente com todos.

64. Diante de toda dor, lembra-te de que nela não há infâmia, de que ela não é capaz de atingir a alma que te guia, tampouco destruir a alma com o raciocínio ou com um poder social. Epicuro afirma que quase toda dor é de ajuda e que "a dor não será insuportável ou eterna se te lembrares dos seus limites estreitos e não permitires que tua imaginação atue". Lembra-te também de que nos preocupamos, embora não sejamos conscientes disso, com as inúmeras coisas que têm naturezas iguais às da dor, como torpor, calor excessivo, falta de apetite. Se qualquer um desses incômodos te afligir, diz a ti mesmo que estás te entregando à dor.

65. Cuidado sobre o que não sentes em relação aos menos humanos, como eles sentem em relação aos seus colegas.

66. Como concluímos que Telauges não era mais sábio que Sócrates? Não basta Sócrates ter morrido com mais glória ou discutido com mais veemência com os sofistas; ter suportado com mais resistência uma noite fria; quando recebeu a ordem de prender os inocentes salaminianos, ter decidido que seria mais nobre desobedecer, ou por qualquer ar imponente que assumiu em público, no qual ele se recusava, muito

justamente, a acreditar. Porém, supondo que tudo isso seja verdadeiro, ao refletirmos sobre Sócrates, devemos nos perguntar que tipo de alma ele possuía. Poderia ele encontrar alegria agindo justamente com os homens e piedosamente com os deuses, sem deixar-se provocar pelos vícios de outrem nem adulá-los em sua ignorância; sem considerar estranho o que o governante do universo apontasse, não considerar nada intolerável e nunca entregar sua alma aos desejos carnais.

67. A natureza não fundiu a alma ao corpo sem a possibilidade de reparar seus elos e executar independentemente sua própria missão. É possível ser um deus em meio aos homens e, ainda, ser considerado estranho por ambos. Lembra-te sempre de que a felicidade da vida encontra-se nas pequenas coisas. E, embora tu te desesperes quanto a seres brilhante em lógica ou ciência, não te precisas desesperar para seres um homem livre, modesto e altruísta, temente a Deus.

68. Está em tuas mãos viver acima de qualquer violência e com pensamentos tranquilos, mesmo quando todos forem contra ti, mesmo que as feras ataquem de maneira voraz os membros desta massa de carne que cresceu quando cresceste. Em meio a tudo isso, que barreira existe para impedir tua mente de manter a calma, de, ao testemunhar o que acontece ao redor de ti, julgar-te de acordo com a verdade e de estares pronto para utilizar o que estiver no teu caminho? Que, no seu poder de julgar, ele diga ao destino: "Eis tua verdadeira natureza quanto a isto ou aquilo, embora pareças diferente aos olhos dos homens". O uso pode dizer à circunstância: "Eu estava procurando por ti. Para mim, tudo o que existe é matéria para a virtude racional e social, em resumo, para a arte que é adequada tanto parta o homem quanto para Deus. Tudo o que acontece é adequado e familiar para os desígnios do homem e de Deus. Nada é novo ou intratável, tudo é muito bem conhecido e adequado para que se atua sobre ele".

69. Perfeição moral é passar cada dia como se fosse último, sem excitação, preguiça ou hipocrisia.

70. Os deuses, imortais que são, não ficam atormentados pelo fato de, por toda a eternidade, terem que lidar com a maldade e inúmeros pecadores. Eles até doam generosamente todo tipo de amor e cuidado. Mas tu, que terminarás tua vida, podes realmente dizer que não suportas mais, embora sejas um pecador?

71. É ridículo não fugires do vício que mora em ti, já que tens o poder de fazê-lo; queres, porém, fugir do vício de outrem, o que é impossível para ti.

72. O que quer que as faculdades racional e social considerem inadequado para fins racionais ou morais, consideram justamente como inferior para si.

73. Quando tiveres praticado uma boa ação, outro será beneficiado. Como tolos, por que precisam de um terceiro elemento, uma reputação como benevolentes ou um retorno?

74. Nenhum homem se cansa do que o beneficia, e o seu ganho está em agir segundo a natureza. Portanto, não te aborreças pelo fato de ganhares ao dar ganho a outrem.

75. A natureza trabalhou para criar um universo ordenado; ou tudo o que existe segue uma lei de consequências e conexões necessárias ou devemos reconhecer que existe menos racionalidade nas coisas com mais excelência e que parecem ser os objetos mais especiais para os impulsos da mente universal. Se tu te lembrares disso, alcançarás calma em inúmeras situações.

Fim do Sétimo Livro

Livro VIII

1. Com o objetivo de reprimir a glória vã, é importante lembrar-te de que não está mais em tuas mãos o poder de criar tua vida inteira, mesmo que seja a partir da tua juventude, uma vida digna de um filósofo. Muitos sabem, assim como tu também sabes, o quão longe estás da sabedoria. Vives em meio à confusão, e agora não deve ser fácil para ti obter a reputação de filósofo, já que as condições da tua vida se opõem a isso. Portanto, agora que podes ver onde está de fato a origem do problema, abandona a opinião dos outros sobre a tua reputação, e que te baste viver enquanto tua natureza permitir, mesmo que seja pouco. Estuda, assim, a vontade da tua natureza e sê solícito apenas em relação a isso. Empreendeste muitos esforços e vagaste muito por aí, mas não encontraste a felicidade. Ela não estava nos silogismos, nas riquezas nem na fama ou no prazer, ou em lugar algum. Então, onde está? Na prática da parte que a natureza humana exige. Como podes fazê-lo? Atendo-te aos princípios como origens dos teus desejos e ações. Quais princípios? Aqueles do bem e do mal: nada será bom para um homem se não permitir que ele seja justo, equilibrado, corajoso e livre; e nada poderá ser mau, exceto o que nele resultar dos opostos de tais qualidades.

2. Em relação a cada ação, pergunta a ti mesmo o efeito que ela produz em ti. Nunca te irás arrepender? Estarás morto e todas essas coisas estarão findas. O que mais poderias tu desejar se tuas ações presentes transformaram-se nas de um ser inteligente e preocupado com o todo, sujeito às mesmas leis dos deuses?

3. Alexandre, César, Pompeu quem eram se comparados a Diógenes, Heráclito e Sócrates? Os últimos conheciam a natureza das coisas, suas causas, matérias, e suas mentes mantiveram-se inalteradas. Quanto aos primeiros, quantas coisas tramaram e de quantas se tornaram escravos?

4. Apesar de tudo, os homens seguirão seus caminhos, ainda que protestes veementemente.

5. Em primeiro lugar, não te perturbes; tudo ocorre segundo as leis da natureza universal e, em breve, terás partido, como Adriano e Augusto. Assim, analisa detalhadamente a essência do que aconteceu, lembrando-te do teu dever de ser um bom ser humano. Faz, incansavelmente, o que quer que a natureza humana exija de ti e fala da maneira que parecer mais justa, ainda assim com delicadeza, modéstia e sinceridade.

6. É função da natureza transferir o que hoje existe aqui para outro lugar, modificar as coisas, levá-las adiante e colocá-las em outro lugar. Tudo é mudança, mas não há por que temer o novo, já que tudo obedece às leis do hábito e, na mesma medida, todas as coisas são igualmente repartidas.

7. Toda natureza satisfaz-se com o que aparece em seu caminho e assim prospera. A natureza racional prospera enquanto recusa qualquer opinião falsa ou incerta, enquanto conduz seus impulsos apenas na direção de propósitos altruístas; enquanto direciona seus desejos e aversões somente para as coisas que estão em seu poder; e enquanto recebe com alegria tudo o que a natureza universal ordenar. A natureza de cada um de nós é parte da natureza universal, assim como a folha é parte da árvore. De fato, a folha é parte de um sistema insensível e irracional que pode ser impedido em suas ações; porém, a natureza humana é parte

de um sistema universal inteligente e justo, que não pode ser impedido. Por isso, serve a todos, a nossas porções adequadas de tempo, matéria, princípio ativo, poderes e eventos. Porém, não acredites que cada coisa corresponda exatamente a outra. Pensa, sim, na natureza e nas circunstâncias globais, como um todo, e compara-as ao todo da outra.

8. Falta-te tempo livre para ler, mas não te falta o tempo livre para reprimir a insolência. Tens tempo para preservar-te acima do prazer, da dor e da glória vã, para restringir a raiva contra os ingratos e, ainda, para seres amoroso com eles.

9. Não deixes que algum homem te ouça censurar a vida na corte, tampouco escutes a ti mesmo em tal censura.

10. O arrependimento representa uma autocensura, já que negligenciamos algo útil. O que é bom deve, de alguma maneira, ser útil e digno da atenção de um homem bom e honrado. Tal homem nunca poderia arrepender-se por negligenciar uma oportunidade de prazer. Este, então, não é nem útil nem bom.

11. Pergunta sobre cada coisa: o que isto de fato é e qual é sua constituição? Qual é sua substância, sua matéria? O que é causal? Qual é o seu propósito no universo? Por quanto tempo resistirá?

12. Se estiveres com dificuldade para acordar, lembra-te de que faz parte da tua constituição e da natureza humana teres atitudes sociais. Dormir é para nós e os animais irracionais. Aquilo que mais se adequar à natureza de cada espécie deve ser o apropriado e mais prazeroso.

13. Sempre que possível, sobre cada ideia aplica os métodos da física, da ética e da dialética.

14. Qualquer que seja a pessoa com quem te encontres, diz a ti mesmo: "quais são os princípios do bem e do mal de tal pessoa?" Se for adepta desta ou daquela doutrina sobre o prazer e a dor e as causas daí advindas, ligadas à glória e à infâmia, à morte e à vida, não me parecerá estranho ou magnífico que uma coisa ou outra deveriam representar sua conduta. Devo lembrar-me de que sua única escolha é agir assim.

15. Lembra-te de que é inadequado seres surpreendido pelo fato de que uma figueira produza figos, assim como é igualmente inadequado surpreender-te pelo fato de o universo produzir tais coisas que foi criado naturalmente para produzir. É inadequado que um médico surpreenda-se com o fato de um homem estar com febre, como o é para um timoneiro para quem o vento soprou contrariamente ao esperado.

16. Modificar tua trajetória e seguir qualquer homem que possa colocar-te no caminho certo não comprometerá tua liberdade. A ação será tua, executada por meio dos teus próprios impulsos e julgamentos e segundo teu próprio entendimento.

17. Se a ação está sob teu controle, por que, então, agir? Se está sob o controle de outro, a quem acusas, os átomos ou Deus? Acusar qualquer um deles é errado; assim, não acuses ninguém. Se puderes, corrige ao menos o resultado. Se for impossível, qual o propósito das tuas acusações? Nada deveria ser feito sem um propósito.

18. O que morre não sai do universo. Então, se aqui permanece, aqui também passará por modificações e será desintegrado, transformando-se naqueles elementos que formam o universo e a ti também. Estes, por sua vez, também mudam e não se lamentam.

19. O cavalo, a videira, tudo existe com um propósito. Por que o espanto? O próprio sol diz que nasceu para executar determinada tarefa, assim como os outros deuses. Para que tu foste criado? Para o prazer? Verifica se tua alma pode suportar tal pensamento.

20. A natureza tem um objetivo para todas as coisas, mesmo quando elas cessam, não menos do que em seu início e continuidade, como um homem que arremessa uma bola. Onde, então, está o bem para tal bola ao ascender? Onde está o mal em deixá-la cair ou em sua queda? Onde está o mal mesmo quando tombada? Onde está o bem da bolha enquanto ela se mantém íntegra, e onde está o mal quando ela se rompe? O mesmo vale para uma lamparina que hoje queima e logo se apaga.

21. Vira para fora a parte interna deste corpo e percebe como ele realmente é. Como será quando envelhecer, adoecer ou deteriorar-se? O adorador e o adorado, aquele que lembra e o que é lembrado são breves. Isso num canto qualquer desta área estreita, onde as pessoas nem podem viver em harmonia consigo. Mesmo assim, o mundo não passa de um ponto.

22. Atenta bem para o que está diante dos teus olhos, seja um princípio, seja uma ação ou uma palavra. Teu sofrimento é bem merecido, já que preferes tornar-te uma boa pessoa amanhã, e não hoje.

23. Estou realizando algo? Deixa-me fazê-lo com o olhar voltado para servir a humanidade. Algum acontecimento me atinge? Aceito-o e tenho como referência os deuses, fonte universal da qual se originam todas as coisas, seguindo uma cadeia de consequências.

24. Ingredientes do banho: óleo, suor, sujeira, água impura. Como são repugnantes! Cada etapa da vida também o é, assim como tudo o que encontramos pelo caminho.

25. Lucila sepultou Vero e, depois, seguiu-o na morte. Secunda presenciou a morte de Máximo e logo morreu também. Epitíncano sepultou Diotimo e, depois, foi sepultado. Antonino chorou a morte de Faustina e, em seguida, foi pranteado. Céler foi sepultado. Todos seguiram pelo mesmo caminho. Os homens astutos que previram os destinos de outrem, ou que cresceram com vaidade, onde estão agora? Onde estão os extremamente inteligentes, Cárax, o platônico Demétrio, Eudêmon ou seus semelhantes? Todos há muito morreram; pouquíssimos são lembrados por um mínimo tempo após suas mortes; outros tornaram-se mitos. Portanto, lembra: mesmo a pobre mistura que te formou será dispersa, ou o frágil sopro da vida deve ser apagado ou removido e levado para outro lugar.

26. A alegria do ser humano é executar sua própria função, que é ser bondoso para com seus iguais, superar as agitações dos sentidos, ser crítico a respeito de qualquer pensamento plausível e contemplar a natureza universal e todas as suas consequências.

27. Todos temos três relações: a primeira, com nossas diversas situações; a segunda, com a causa divina suprema da qual se originam todas as coisas para todos os humanos; e a terceira, com aqueles na companhia de quem vivemos.

28. A dor é maléfica para o corpo. Deixa, então, que o corpo declare-a assim. Ou é maléfica para a alma, mas esta pode sustentar sua própria serenidade e calma e recusar-se a acreditar na dor como um mal. Todos os julgamentos, intenções, desejos e aversões moram na alma, à qual nenhum mal pode chegar.

29. Apaga as ideias falsas e diz a ti mesmo que agora podes manter tua alma liberta de qualquer perversidade, luxúria, confusão ou perturbação. Então, já que sabes discernir a natureza das coisas, podes usá-las em sua adequada medida. Lembra-te sempre de tal poder que a natureza te ofertou.

30. Fala com dignidade, seja no Senado, seja em outro lugar, mais do que com elegância, e deixa tuas palavras retinir virtuosamente.

31. A corte de Augusto, sua esposa, sua filha, seus descendentes e predecessores; sua irmã e Agripa; seus parentes, familiares e amigos; Areios e Mecenas; seus médicos e flâmines: a morte tem a todos. Pensa a seguir na morte de uma casa inteira, como Pompeia, e no que às vezes está escrito nas sepulturas: "aqui jaz o último de sua estirpe". Por fim, considera a solicitude dos ancestrais de tais homens para deixar uma sucessão própria para a posteridade. Ainda assim, no fim, um deles será o último, e com ele perecerá a casa inteira.

32. Organiza tua vida com base em teus atos, para que seja suficiente cada um deles alcançar seu objetivo. Ninguém pode te impedir. Porém, será que algo externo pode opor-se a ti? Nada pode afastar-te da justiça, da temperança e da sabedoria. Ainda assim, talvez, outras ações tuas podem ser obstruídas. Verdade. Porém, cedendo a tal impedimento e voltando-te calmamente para a direção do que está em teu poder, pode ser que alcances outro caminho similarmente adequado à vida ordenada sobre a qual estamos falando.

33. Recebe as bênçãos da vida sem orgulho e separa-te delas sem relutância.

34. Se já viste uma mão, pé ou cabeça separados do resto do corpo, que jaziam a alguma distância do restante do corpo, tens noção do ser que consigo próprio não aceita o que lhe acontece e separa-se de seus companheiros ou que age de maneira egoísta. Estás, então, afastado do todo natural? A natureza te fez para que sejas parte do todo, mas estás dele separado. Mesmo assim, podes unir-te a ele novamente se quiseres. Apenas neste caso, Deus concedeu o privilégio de reunir-te com alguma parte da qual estás isolado ou foste separado. Observa, então, com que bondade e generosidade Deus honrou a humanidade. Primeiro, Ele permite que ela tenha o poder de não ser separada de sua unidade; depois, mesmo separadas, elas retornam mais uma vez para assumir suas posições como partes do todo e unificar-se a ele novamente.

35. Assim como a natureza universal deu a cada ser racional quase todas as suas faculdades e seus poderes, ela nos deu esta habilidade particular. A natureza converte para seu próprio uso, organiza em uma ordem específica e torna parte de si tudo o que a ela se opõe. Portanto, cada ser humano racional pode fazer com que qualquer impedimento em seu caminho transforme-se em algo adequado para que ele reaja e pode usar tal impedimento como seu propósito direcionador, qualquer que seja.

36. Não te confundas avaliando a vida como um todo e acreditando na imensidão das dores e dos problemas aos quais serás provavelmente exposto. Quando cada um deles surgir, pergunta a ti mesmo se realmente existe algo intolerável nisso tudo. Terás vergonha disso. Então, relembra que nem o passado nem o futuro podem te oprimir, somente o presente. E os males do presente serão muito reduzidos se restringires cada um deles aos seus próprios limites e perguntares se tua alma não pode suportar apenas a eles.

37. Panteia ou Pérgamo estão agora velando a tumba de Vero, ou Chabrias e Diotimo a tumba de Adriano? Absurdo! Se ainda estivessem

velando, seus mestres poderiam sentir tal atitude? Ou, se a pudessem sentir, isso lhes traria algum alento? Ainda, se trouxesse alento, os que choram poderiam viver para sempre? Não era parte do destino que eles envelhecessem e morressem? O que, então, seria de tais mortos ilustres quando essas almas fiéis partissem? Todo esse trabalho por um corpo vil, nada além de sangue e corrupção!

38. O filósofo diz que, se tens uma visão aguçada, deves usá-la com discrição e sabedoria.

39. Não percebo na constituição do ser racional uma virtude feita para impedir a justiça, porém vejo uma reserva para conter o prazer sensual.

40. Afasta tua opinião a respeito das coisas que parecem machucar-te e estarás em solo seguro e firme. O que és? Razão. Dizes que não és razão; que seja. Então, não deixa que a razão se machuque, mas deixa qualquer parte de ti que sofre ter suas próprias opiniões sobre a dor.

41. Qualquer obstrução é um mal para a natureza animal, assim como a obstrução de qualquer um de seus impulsos. Exsite alguma outra coisa igualmente obstrutiva e má para a constituição vegetal.. No caso da natureza racional, portanto, a obstrução do entendimento é maléfica. Aplica isso tudo a ti. A dor e o prazer te afetam? Deixa os sentidos identificar. Existe algo que impeça teus planos? Se eles tiverem sido feitos sem as limitações necessárias, eles mesmos serão maléficos para ti como ser racional. Se tiveres feito planos respeitando os limites gerais, não serás prejudicado ou obstruído. Nenhum homem pode impedir o trabalho adequado da mente. Nem o fogo, a espada, um tirano, nem a calúnia ou qualquer outra coisa poderá alcançá-lo a partir do momento em que seja tão nivelado quanto uma esfera, completo e perfeito em si próprio.

42. Não tenho o direito de atormentar a mim mesmo, já que nunca atormentei ninguém.

43. Cada homem tem seus próprios prazeres. O meu é que minha porção condutora seja forte, sem aversão a nenhum homem ou

imprevisto que venha a assolar a humanidade. Mesmo assim, deixa-me olhar para todas as coisas com olhos generosos. Deixa-me aceitá-las e usá-las segundo seus valores.

44. Assegura-te de beneficiar-te com o tempo presente. Os que buscam a fama póstuma não refletem tal posteridade, serão homens iguais aos que hoje os irritam e também serão mortais. Afinal, o que representam para ti os ruídos de suas vozes ou as opiniões que tenham de ti?

45. Joga-me onde tu quiseres. Terei minha própria divindade serenamente comigo, ou seja, satisfeita enquanto cada estado e ação estejam de acordo com a lei de sua constituição. Isso valeria o esforço se resultasse em prejuízo para minha alma piorá-la, rebaixá-la como suplicante maléfico, ou deveria ficar amedrontada? Algo valeria todo esse esforço?

46. Nada pode acontecer a alguém que não seja ocasional. Nada pode acontecer com um boi, uma videira ou uma pedra que não fosse o destino natural de suas espécies. Assim, se só acontece o que é natural, qual é o motivo para indignação? A natureza universal não trará nada para ti que não possas suportar.

47. Quando sofreres por algo externo, não é a coisa propriamente dita que te aflige, mas teu julgamento sobre ela. Tens o poder de apagar tal julgamento. Se estiveres aborrecido a respeito de algo existente em tua própria disposição, quem poderá evitar que tu corrijas teus princípios de vida? Se estiveres aborrecido por não executares uma ação que te parece firme e virtuosa, tenta efetivá-la, não te queixes de que não está feita. – Porém, algum poder superior resiste. – Então, não te queixes, já que a falha pela omissão não está em ti. – Mas a vida não vale ser vivida se isso não é feito. – Então, parte da vida com o mesmo espírito gentil que terias se tivesses feito o que querias, e com boa vontade inclusive para com aqueles que se opõem a ti.

48. A porção governante torna-se invencível quando, voltada para si, fica satisfeita ao recusar-se a fazer o que não faria, mesmo quando

sua resistência não é racional. Então, o que acontecerá, após a devida deliberação, se ela estabelecer seu julgamento de acordo com a razão? Portanto, a alma livre das paixões é uma fortaleza segura. Não se pode encontrar algo mais forte para onde o homem possa voar e tornar-se invencível. Quem não se dá conta disso é um ignorante. Aquele que percebe isso e não voa naquela direção é um miserável.

49. Não pronuncia para ti mesmo nada mais do que as aparências mostrarem diretamente. Soubeste que falaram mal de ti. Sabes apenas disso, e não que isso te prejudica. Vejo que meu filho está doente; vejo apenas isso. Não o vejo em perigo. Mantém tua mente nas primeiras aparências; nada acrescenta a elas de dentro, e nenhum mal te alcançará, ou, ainda, acrescenta o reconhecimento de que tudo é parte dos desígnios do mundo.

50. O fruto está amargo? Afasta-o de ti. Existem espinhos no seu caminho? Desvia. Isso basta. Não acrescentes "Por que tais coisas foram trazidas à vida?". O naturalista riria de ti, assim como o carpinteiro ou o sapateiro, por adotares uma postura de reprovação ao ter visto retalhos remanescentes de seu trabalho. Esses artesãos têm locais apropriados para o descarte de tais refugos, porém a natureza universal não tem um local assim fora de sua esfera. O surpreendente a respeito de sua arte é, mesmo estando confinada em limites estabelecidos, ela transforma em si própria todas as coisas dentro do seu alcance que parecem estar corrompidas, envelhecidas e sem utilidade; e a partir delas a natureza faz outras formas novas. Assim, ela não precisa de matéria externa nem de um lugar onde possa jogar seus refugos. Ela está satisfeita com seu próprio espaço, seu próprio material e sua própria arte.

51. Não sejas lento ao agir nem confuso ao conversar ou vago em tuas opiniões. Não deixes que tua alma se retraia em função de limitações repentinas ou que fique distraída. Em tua vida, não sejas extremamente ocupado.

Os homens cortam-te em pedaços, perseguem-te com maldições. O que isso tem a ver com o fato de tua alma permanecer pura, cautelosa, equilibrada e justa? E se alguém perto de uma fonte límpida e doce a difamasse? Ela não interromperia o fluir de suas águas refrescantes. Se esse alguém jogasse lama ou esterco, a fonte rapidamente os dispersaria, ficando logo despoluída. Como, então, terás tal fonte eterna em ti? Conservando-te sempre em liberdade, com vibrações de calma, simplicidade e modéstia.

52. Aquele que não conhece do que é feito o universo desconhece seu lugar nele. Aquele que não sabe para que fim foi criado desconhece a si próprio e ao mundo. Aquele que não dispõe de tal conhecimento nem mesmo pode identificar a finalidade de sua criação. Que tipo de homem te parece aquele que busca o aplauso ou teme a ira dos que nem sequer sabem onde estão e o que são?

53. Queres receber elogios de alguém que se amaldiçoa três vezes por hora? Como podes desejar agradar alguém que não está feliz consigo? Aquele que se arrepende de quase tudo o que faz pode ficar feliz consigo?

54. Não te satisfaças respirando em harmonia com o ar que te rodeia, mas coloca teus sentimentos em sintonia com a inteligência que abarca todas as coisas. O poder de tal inteligência não é menos difundido ou menos penetrante para todos aqueles capazes de absorvê-la se comparado à virtude do ar para aquele capaz de respirá-lo.

55. Não existe mal universal que prejudique o mundo, e o mal particular de qualquer indivíduo não prejudica outrem, mas somente a ele próprio, e até ele tem o privilégio de, assim que desejar, libertar-se de tudo.

56. Em relação às minhas escolhas, as do próximo são tão indiferentes quanto seu mísero respirar e sua carne. Quanto à possibilidade de termos sido criados um em função do outro, ainda assim a porção dominante de cada um de nós tem seu próprio poder. Se não fosse assim,

o vício de outrem poderia tornar-se minha própria penúria. Deus não criou as coisas assim, para que terceiros dominassem minha infelicidade.

57. O sol parece espalhar-se por toda parte, infiltrando-se em todas as coisas e, ainda assim, nunca exaurido. Tal difusão é uma espécie de extensão, daí a palavra grega para "raios" é derivada dela. Observa a natureza de um raio quando ele está penetrando um pequeno espaço de um quarto escuro. Sua direção é reta e se reflete ao passar por qualquer corpo sólido, que o isola do ar que o sucede. Ali ele repousa e não escorrega ou cai. Assim deveriam ser o fluir e a difusão da compreensão, nunca exaurido, sempre ampliado, não se arremessando violentamente contra os obstáculos que aparecem, nem tombando, mas mantendo-se ali e iluminando o que quer que esteja em seu caminho. O que não transmitir a luz estará apenas privando-se de tal brilho.

58. Quem teme a morte teme também a extinção de sentir ou experimentar coisas diferentes. Se todas as sensações fossem extintas, não haveria a sensação do mal. Se tiveres sensações diferentes, tu te tornarias uma criatura diferente, e tua vida não seria interrompida por isso.

59. Os homens foram criados uns para os outros. Então, ensina-os a serem melhores ou suporta-os.

60. A mente segue um caminho, a seta segue outro. Ao agir com cautela, ou quando em deliberação sobre que objetivo buscar, mesmo assim a mente progride diretamente para sua meta.

61. Penetra na porção condutora de outrem e permite que eles entrem na tua.

Fim do Oitvavo Livro

Livro IX

1. Aquele que é injusto é impiedoso. A natureza universal criou os animais racionais uns para os outros, sendo que cada um seria útil para o outro segundo seus méritos, nunca danoso. Quem transgredir tal lei será claramente culpado de impiedade contra os deuses mais remotos e veneráveis.

Aquele que mente peca contra a mesma divindade. A natureza do todo é a natureza de todas as coisas que existem; e as coisas existentes são semelhantes a tudo o que foi criado. De fato, a natureza é chamada de verdade e é a primeira causa de todas as verdades. Portanto, aquele que mente deliberadamente é culpado de falta de piedade, na medida em que, enganando, pratica a injúria. E aquele que mente sem intenção está fora de sintonia com a natureza universal e pratica a desordem no universo, lutando contra seus desígnios. Aquele que se coloca contra a verdade está em guerra com a natureza. Terá negligenciado os meios pelos quais a natureza o abasteceu e não será capaz de diferenciar o falso do verdadeiro.

Ele, também, que persegue o prazer como algo do bem e considera a dor como má, é culpado por falta de piedade. Tal pessoa costuma culpar a natureza universal por recompensas impróprias de boa sorte aos homens bons e maus. Os maus costumam deleitar-se com prazeres e possuem os meios para alcançá-los, e os bons normalmente encaram a dor e o que a acarreta. Mais uma vez, quem teme as dores deve, por vezes, temer algo que fará parte da ordem mundial, e isso é ímpio. Aquele que persegue o prazer não se privará da injustiça, e isso representa claramente a impiedade. Quanto às coisas em relação às quais a natureza universal é indiferente (já que ela não teria criado dor e prazer se não fosse indiferente a ambos), aquele que seguisse a natureza precisaria, também neste caso, estar em consonância com ela e ter disposição à indiferença. E quem não for indiferente à dor e ao prazer, à vida também e à morte, à glória e à desonra, dos quais a natureza faz uso com indiferença, será claramente impiedoso. Quando digo que a natureza deles faz uso com indiferença, significa que eles chegam de maneira indiferente a qualquer ser existente e chegam aos outros pela grande cadeia de consequências que começou com o primitivo impulso da providência. Esta, em busca deste impulso e começando, estabeleceu tal estrutura justa do universo ao conceber o plano de tudo o que seria e indicou os poderes distintos responsáveis por produzir as inúmeras substâncias, modificações e sucessões.

2. Seria mais adequado partir do convívio com os seres humanos desconhecendo a falsidade, a hipocrisia, a luxúria ou a vaidade. A próxima escolha seria morrer quando saciado de tais vícios. Escolheste, então, o mal, ou a experiência ainda não te persuadiu a voar para longe de tal praga? Uma mente corrompida é uma praga maior do que a contaminação ou as intempéries no ar que nos rodeia e que respiramos. Esta praga abate-se sobre os animais como animais, mas aquela afeta os seres humanos como seres humanos.

3. Não desprezes a morte, mas recebe-a com alegria, como uma das vontades da natureza. Faz parte da vida ser jovem, velho, crescer, ter crescido; faz parte da vida que os dentes ou a barba cresçam, ficar grisalho, ter filhos, nascer e passar por todos os efeitos da natureza trazidos

pelas estações da vida; o mesmo é dissolver-se na morte. Portanto, um homem sábio não seria desleixado, impaciente ou ostentosamente desdenhoso em relação à morte. Ele deveria esperar pela sua chegada como um dos movimentos da natureza. Assim como esperas pelo nascimento do teu filho do ventre de tua esposa, ou pelo momento no qual tua alma abandone este tegumento. Se desejares uma espécie comum de acalento, eis um pensamento que acalentará teu coração. Estarás completamente resignado à morte se considerares as coisas que estás prestes a abandonar, e a moral daquela multidão confusa da qual tua alma se desligará. Não é aconselhável ficares ofendido com tais pessoas. É até um dever teu delas cuidar com ternura e suportá-las com suavidade. Lembra-te, ainda, de que, quando a hora do desenlace chegar, não acontecerá ao lado de pessoas que pensam como ti. A única coisa que poderia te manter aqui seria viver com aqueles que tiverem alcançado os mesmos princípios da vida que os teus. Porém, ao veres quão grandes são o sofrimento e a exaustão advindos dos desentendimentos resultantes da vida em comum, dirás: "Apressa-te, ó, morte, para que eu não me esqueça de mim mesmo!"

4. O pecador peca contra si. Quem erra o faz tornando-se mau.

5. Os homens costumam ser injustos por omissões, assim como por ações.

6. Dá-te por satisfeito com tua opinião atual, se acertada; com tuas ações presentes, se de interesse de todos; com teu atual estado de espírito, se satisfeito com tudo o que vier de fora.

7. Elimina a imaginação; freia o impulso; suprime o desejo; e mantém a porção governante no domínio de si.

8. A alma distribuída entre os animais racionais é uma. Os seres racionais, em contrapartida, partilham uma inteligência racional. Mesmo assim, existe uma terra para todas as coisas terrenas, e, para todos nós, dotados do poder de ver e respirar, há uma luz para se ver e o ar para se respirar.

9. Todas as coisas que partilham uma qualidade em comum são fortemente conduzidas para tudo o que é semelhante a elas. O que tiver características terrestres será propenso à terra; os fluidos flutuam juntos; os corpos aéreos idem, e apenas a força evita sua confluência. O fogo cresce em função do fogo elemental e está tão pronto para unir-se aos seus iguais que qualquer material suficientemente seco será rapidamente incendiado, pois estará menos misturado ao que poderia impedir seu acendimento. Assim, qualquer elemento que participar de uma natureza intelectual comum busca juntar-se ao que lhe é semelhante. Quanto mais um ser supera as outras naturezas, mais forte será sua tendência para misturar-se e unir-se ao seu igual. Em meio às criaturas irracionais, temos as abelhas, os rebanhos de gado, os ninhos dos recém-nascidos e um tipo de amor. Mesmo os animais têm almas; e, nas naturezas mais nobres, encontra-se uma atração mútua em ação, que não existe nas plantas, pedras ou madeira. Em meio aos animais racionais, de novo, existem sociedades e amizades, famílias e reuniões, e, na guerra, tratados e tréguas. Entre seres de excelência ainda maior, subsiste, embora distante, certo tipo de união, como ocorre com as estrelas. Portanto, a ascensão pode gerar simpatia até entre elementos muito distantes. Presta atenção no que acontece entre nós. Somente os seres intelectuais se esquecem das questões sociais entre si e da tendência mútua à união. Neste caso isolado, a confluência social não aparece, mas, mesmo assim, estarão cercados por ela, embora lutem para escapar, e a natureza sempre prevalece. Observa e verás que quero dizer: pois mais cedo alguém pode encontrar alguma coisa terrena que se junta a nada terrestre do que um homem cortado e separado de todos os homens.

10. O homem, Deus e o universo geram frutos, cada um em sua própria estação. Embora a expressão ordinária refira-se à vinha e às plantas, isso nada representa. A razão tem um fruto comum a todos os homens e também particular e produz outras coisas semelhantes à própria razão.

11. Ensina os homens o melhor que puderes. Se não puderes, lembra-te da virtude da caridade que te foi ofertada para ser usada em tal situação. Os deuses são com eles tão benevolentes e pacientes que até os ajudam em suas buscas por algumas coisas como saúde, prosperidade e glória. Podes ser assim também. O que te impede?

12. Suporta o trabalho pesado e a dor, não como um infeliz nem como quem busca piedade ou admiração. Deseja apenas uma coisa: agir ou refrear-te sempre de acordo com o que exige a sabedoria comum.

13. Hoje escapei de todos os problemas, ou melhor, afastei todos os problemas de mim, pois não veio de fora, mas de dentro, no que diz respeito às minhas próprias opiniões.

14. Nossa experiência transforma tudo em comum; sua duração torna tudo breve, e sua matéria torna tudo sórdido. Agora todas as coisas são como eram nos tempos daqueles a quem enterramos.

15. As coisas ficam do lado exterior, sozinhas, nada sabendo ou declarando para nós sobre elas mesmas. O que, então, as explicita? A porção condutora.

16. O bem e o mal do animal racional formado para a sociedade não estão no sentir passivo, mas na ação. Similarmente, sua virtude ou seu vício não estão no sentir, mas no agir.

17. A pedra que é arremessada não sente maldade em cair; não sente o bem ao ser arremessada.

18. Adentra profundamente nas almas dos homens e verás quais juízes te amedrontam e como eles são em relação aos próprios julgamentos.

19. Todas as coisas estão em processo de mudança. Tu sofres contínuas modificações e, de alguma forma, corrupção. Assim funciona o universo inteiro.

20. Deves deixar o pecado alheio por conta do pecador.

21. O término de qualquer atividade, a extinção de qualquer desejo ou opinião é como sua morte. Não existe mal. Lembra-te novamente das épocas da tua vida: infância, adolescência, fase adulta, velhice. Cada

passagem de uma para a seguinte foi uma morte. Existe algo de temeroso nisso? Agora, pensa na tua vida como era antes, primeiro com teu avô, depois com tua mãe, e então com teu pai. Ao encontrares muitas mudanças, términos, pergunta a ti mesmo: existe algo a temer aqui? Da mesma maneira, também não existe nada a temer com o fim e as mudanças da tua vida inteira.

22. Analisa com agilidade tua própria parte condutora, assim como a do universo e a de quem te ofendeu. No caso da tua, que tenhas uma mente voltada para a justiça; no caso da parte do universo, que possas lembrar-te do que também és parte; e da de um terceiro, que consigas discernir se ele agiu de forma ignorante ou consciente e que também consigas pensar que ele é teu semelhante.

23. Tu fazes parte de um sistema social necessário para completar o todo. Age de acordo com isso e deixa que cada ação tua seja uma porção similar da vida social. E, se qualquer ação não tiver tal referência, seja ela imediata ou mais distante, com o bem comum como objetivo, tal ação desestruturará tua vida e frustrará sua unidade. É uma sedição como esta do homem que, numa comunidade, faz tudo ao seu alcance para separar-se da harmonia e concordância geral.

24. Brigas de crianças! Brincadeiras de crianças! Pobres espíritos movimentando cadáveres! Assim é a tua vida. A 'Evocação dos Mortos' é inteligível por comparação.

25. Analisa a qualidade da causa; abstrai o material e contempla-a pelo que realmente é. Determina, então, o tempo: por quanto tempo, no máximo, tal causa poderá subsistir naturalmente com tal qualidade peculiar?

26. Sobreviveste a inúmeros sofrimentos por não te satisfazeres com tua própria porção governante, quando ela faz o que foi criada para fazer. É o suficiente.

27. Quando alguém te repreender ou odiar ou, ainda, fizer algo com tal propósito, olha para a alma deste alguém, adentra e vê que tipo de pessoa é. Verás que não precisas preocupar-te com o fato de que ele

pense bem ou mal de ti. Ainda assim, deves ser gentil com tal pessoa, já que é, pela natureza, tua amiga. E os deuses também a ajudam de todas as maneiras: sonhos, oráculos e até nas coisas que lhe causam mais raiva.

28. O rumo das coisas do mundo é sempre o mesmo, uma rotação contínua, para cima e para baixo, de era a era. Até a inteligência universal se manifesta em cada acontecimento, sendo que precisas aceitar imediatamente o que dela vier. Ou, ainda, ela pode manifestar-se uma única vez e, como resultado, todas as coisas seguem eternamente, segundo uma cadeia de consequências necessárias. Outra hipótese: os átomos e as partículas invisíveis são as origens de todas as coisas. Em síntese, se Deus existe, tudo está bem; caso tudo seja apenas parte do acaso, tu não deves agir ao acaso.

A terra cobrirá a todos nós. Então, ela será transformada em outras formas, e estas, por sua vez, em outras ainda, e assim sucessiva e interminavelmente. Se considerares com que rapidez ocorrem tais mudanças e transmutações, como uma onda sobre a outra, desprezarás tudo o que for mortal.

29. A causa universal é como uma grande torrente que leva tudo consigo. Quão insignificantes são as pobres criaturas que fingem compreender as questões do Estado e acreditam ter as habilidades dos políticos e dos filósofos? Tolos fúteis! Faze, ó homem, aquilo que a natureza requer de ti. Segue adiante, se tiveres os meios, e não olhes ao teu redor buscando que te estejam observando nem esperes pela República de Platão. Sinta-te satisfeito se a mínima coisa for bem-sucedida. Considera-a algo que não é pequeno. Quem pode modificar as opiniões dos homens? E, sem mudança de opinião, seu estado nada mais é do que escravidão, sob a qual eles gemem, enquanto apenas fingem obedecer. Vem e fala sobre Alexandre, Filipe e Demétrio o Faleriano. Eles sabem identificar se compreenderam o que a natureza comum exigiu deles e se treinaram de acordo com tais necessidades. Entretanto, se pretendiam apenas representar o papel de heróis trágicos, ninguém me

condenou a fazer o mesmo. A missão da filosofia é simples e modesta. Não me desvies para o caminho arrogante da vaidade.

30. Coloca-te numa posição mais alta e olha para baixo, para os inúmeros rebanhos, os incontáveis festivais solenes, as travessias de todos os tipos, durante as tempestades ou calmarias; as diferentes condições daqueles que nascem, agregam-se e partem no fim. Avalia, também, a vida anterior que os outros tiveram, a que viverão após a tua e a vida que os bárbaros têm agora. Quantos deles nem sequer sabem teu nome? Quantos rapidamente te esquecerão? Quantos hoje te elogiam, mas logo te culparão? Pensa, então, que sobreviver à fama e à glória no teu presente nada tem de importante, assim como qualquer outra coisa.

31. Não deixes que alguma causa externa a ti perturbe tua calma. Deixa a justiça nascer nas ações do teu princípio ativo interno. É uma determinação da vontade e um caminho de atitudes com o bem social como objetivo e é, portanto, indicado à tua natureza.

32. Podes eliminar vários problemas sem importância que te aborrecem, pois eles residem inteiramente na tua opinião. Assim, trarás bastante espaço e facilidades para a tua vida. Podes atingir tal objetivo entendendo o universo inteiro com teu julgamento, contemplando a eternidade e refletindo a respeito das rápidas mudanças das coisas individuais, percebendo o quão curto é o tempo de seu nascimento até sua dissolução, quão imenso é o vácuo temporal antes de tal nascimento.

33. Tudo o que vês perecerá rapidamente, e aqueles que observam tal deterioração em breve morrerão também. E aquele que morre mais velho será igual ao que morreu mais novo.

34. Como são as almas desses homens? Quais são suas lutas? Como eles amam e respeitam? Imagina suas almas nuas diante de ti. Quando eles se vangloriam de que suas críticas ferem, ou que seus elogios nos beneficiam, que imensa a sua presunção!

35. A perda nada mais é que uma mudança, e na mudança está a alegria da natureza universal, e, por meio dela, todas as coisas são bem

encaminhadas. Desde o início dos tempos, elas foram formadas de maneira similar e por toda a eternidade serão iguais. Como, então, podes dizer que todas as coisas foram e sempre serão nocivas? Como podes dizer que, em meio a tantos deuses, não se encontrou o poder de corrigir, e que o universo está condenado a suportar o peso de um mal eterno?

36. Como são podres as substâncias materiais de cada uma das coisas, água, poeira, ossos e vileza! Novamente, o mármore é apenas o concreto da terra, o ouro e a prata, seus detritos pesados. Nossos ornamentos são apenas os cabelos e o sangue tingido de vermelho. Todo o resto é de uma natureza similar. A respiração também é igual, saindo de um para o outro.

37. Basta desta vida infeliz, de lamentações e superficialidades estúpidas! Por que estás perturbado? Algum dos teus problemas é novo? O que te estimula? A causa?

Analisa tudo detalhadamente. É a matéria? Além disso, não há mais nada. Age com mais simplicidade e bondade para com os deuses. Não importa se assistirás a esse espetáculo durante cem ou três anos.

38. Se alguém errou, o mal estará com ele, mas é possível que ele não tenha errado.

39. Ou todas as coisas vêm de uma única fonte de inteligência e são unificadas em um corpo, e neste caso não se deve reclamar sobre o que acontece para o benefício do todo, ou tudo é feito de átomos, e nada mais existe além de uma mistura e uma dissipação sem ordem. Por que, então, ficar perturbado? Diz para a tua alma: "estás morta, estás podre, és bruta, juntou-te ao rebanho, então alimenta-te junto com ele".

40. Ou os deuses têm ou não têm nenhum poder. Se não têm, por que rezas? Se têm, por que não optas por rezar para que eles te deem o poder de não temer, nem desejar, nem ser prejudicado por qualquer evento externo, no lugar de rezares por sua presença ou ausência? Certamente, se os deuses podem ajudar o ser humano, podem ajudá-lo nisso. Porém, talvez tu acredites que os deuses tenham deixado isso em teu poder. Então,

não seria melhor fazer uso do que está em teu poder e preservar tua liberdade no lugar de dedicar teu coração a algo que está além do teu domínio, tornando-te um escravo abjeto? E quem te disse que os deuses não nos ajudam nessas coisas que estão em nosso poder? Começa a rezar por elas e verás. Um homem reza: "Que eu possua aquela mulher!". Tu deves rezar: "Que eu não sinta desejo de possuir aquela mulher!". Outra pessoa reza: "Que eu possa livrar-me de tal pessoa!". Tu pedes: "Que eu não precise livrar-me daquela pessoa!". Um terceiro implora: "Que eu não perca meu filho!". Tua oração deve ser: "Que eu não tema perdê-lo!". Em suma, ora desta maneira e observa o que acontece.

41. Epicuro diz: "Durante minha doença, minhas conversas não eram sobre as doenças deste pobre corpo; eu não falava sobre tais coisas para aqueles que chegavam a mim. Continuei a falar como antes sobre os princípios da filosofia natural, principalmente sobre como a mente, embora tome parte das violentas comoções da carne, poderia continuar imperturbável e manter guarda e sua própria excelência adequada. Eu não permitia que os médicos fossem vaidosos sobre sua profissão e não deixava que ostentassem suas competências como se estivessem executando algo grandioso, mas minha vida manteve-se agradável e feliz". O que ele fez na doença faze igual se adoeceres ou sofreres qualquer infortúnio. Nunca abandones tua filosofia, o que quer que te aconteça, e nunca te juntes à insensatez dos vulgares e ignorantes; são diretrizes comuns a todas as escolas. Dedica tua mente apenas ao que acontece agora e aos meios pelos quais precisar agir para executar o necessário.

42. Quando te sentires ofendido pelo cinismo de outrem, pergunta a ti mesmo de pronto: o mundo pode existir sem homens cínicos? Não pode. Portanto, não peças o impossível. Teu inimigo também é uma dessas pessoas cínicas que precisam estar no universo. Faz a mesma pergunta quando estiveres desgostoso com alguma traição ou outro pecado. Enquanto te lembrares de que é impossível que tais seres inexistam, serás mais caridoso com cada indivíduo. Também é útil refletir:

que virtude a natureza concedeu ao homem por meio da qual ele possa combater tal falha? Para combater a insensatez, ela ofertou a brandura como antídoto. Para combater outras fraquezas, outros poderes. Também tens total liberdade para indicar o bom caminho àquele que está perdido. Cada transgressor não tem um objetivo próprio e perdeu seu rumo. Então, com o que te prejudicaste? Descobrirás que nenhuma pessoa com a qual estás aborrecido fez nada capaz de prejudicar a tua inteligência, tornando-a pior do que era. Agora tudo o que realmente te pode prejudicar ou ferir reside apenas ali. De que maneira é estranho ou maléfico que os atos de um homem sem instrução tenham efeito sobre os seus iguais? Presta atenção se não deves culpar a ti mesmo por não teres percebido que tal ser seria culpado de tais falhas. Teu raciocínio possibilitou que concluísses que seria provável que ele cometesse tal erro, porém esqueceste e agora te espantas pelo fato de ele ter agido assim. Acima de tudo, porém, ao culpares qualquer um por falta de fé ou ingratidão, volta-te para ti. A falha está manifestada em ti, já que confiaste que um homem de tal disposição manteria sua fé; ou se, quando fizeste o favor, fizeste buscando recompensa posterior. Segue o princípio de que a recompensa completa e imediata da tua ação está no ato de praticá-la. Do que mais precisas se já praticaste a bondade para com um ser humano? Não te basta tê-la praticado segundo tua natureza? Ainda queres uma recompensa? É como se os olhos quisessem ser recompensados por ver, ou os pés, por caminhar. Essas partes foram criadas com um propósito e, quando o alcançam segundo sua própria estrutura, atingem seu fim. Então o homem, criado pela natureza para praticar a bondade para com seus companheiros, sempre que age com benevolência ou, de alguma outra forma, trabalha pelo bem comum, terá cumprido com o propósito de sua criação e possuirá o que é seu.

Fim do Nono Livro

Livro X

1. Ó, minh'alma, algum dia serás boa, simples, única, nua, mais aberta do que o corpo que te circunda? Algum dia poderás saborear o amor e a satisfação em equilíbrio? Algum dia sentir-te-ás plena e sem outras necessidades, com o coração centrado em nada, animado ou inanimado, para o desfrute do prazer; nem desejando ter tempo para mais desfrute; nem lugar ou país, ou clima ideal, ou companhia adequada? Ficarás satisfeita com tua presente condição e bem satisfeita com cada circunstância presente? Conseguirás convencer-te de que todas as coisas são tuas, de que tudo está bem contigo? De que tudo chega a ti pelos deuses e de que o que para ti é melhor é o que eles te ofertam generosamente agora e doravante, para a preservação deste ser aperfeiçoado, bom, justo e belo? Este ser que gera, combina, abraça e inclui todas as coisas que se dissolvem para gerar outras similares a elas? Algum dia serás capaz de viver como concidadã dos deuses e dos homens, aprovando-os e por eles sendo aprovada?

2. Já que és controlado somente pela natureza, observa cuidadosamente o que ela exige. Então, faz isso livremente, desde que tua natureza como ser vivente não piore com isso. Em seguida, considera o que exige

a natureza de um ser vivo e permite a ti mesmo tudo aquilo por meio de que tua natureza, como ser racional, não ficará em pior condição. O que é racional também é social. Portanto, segue essas regras e não te preocupes mais.

3. O que quer que aconteça, a natureza fez-te capaz ou incapaz de suportar. Se fores capaz, então suporta com as ferramentas que ela te deu e não te queixes. Se fores incapaz, ainda assim não te queixes, pois, quando a provação tiver te consumido, isso também vai passar. Lembra-te, entretanto, de que a natureza te fez capaz de suportar qualquer coisa que depender da tua própria opinião para piorar ou tolerar, bastando para isso considerar tal coisa como vantajosa ou adequada.

4. Se alguém estiver errado, instrui-o gentilmente e mostra-lhe seu erro. Se não puderes fazê-lo, culpa a ti mesmo ou a ninguém mais.

5. O que quer que aconteça terá sido arranjado para ti de antemão desde toda a eternidade, e o encadeamento das causas teceu desde a eternidade a tua existência com tal contingência.

6. Se for tudo um amontoado de átomos, ou se houver uma lei universal da natureza, que se estabeleça primeiro que faço parte do todo por ela comandado. Depois, que estou ligado a outras partes similares a mim. Com isso em mente, já que faço parte, não devo sentir-me insatisfeito com nada a mim indicado pelo todo. Nada prejudica uma parte se for bom para o todo, pois o todo nada contém que seja desvantajoso para si próprio. Todos os sistemas naturais possuem esta lei em comum, e o sistema do universo tem ainda outra lei adicional: ele não pode ser forçado por nenhuma causa externa a produzir nada prejudicial a si próprio. Entretanto, se sou consciente de que faço parte do todo, o que dele fluir será para mim satisfatório. Visto que estou ligado a partes similares a mim, nada farei de antissocial, mas preocupo-me com meus semelhantes, cuido para que cada gesto meu tenha como objetivo o bem comum e afasto-me do contrário. Seguindo tal rumo, minha vida deve fluir bem, assim como seria a vida de um cidadão quando ele pratica

uma ação após a outra para o bem comum e dedica-se de corpo e alma a cada tarefa a ele conferida pelo Estado.

7. As partes que compõem o todo, aquelas que estão contidas no universo, devem, necessariamente, perecer. E por "perecer" entende-se mudar. Assim, se o perecer fosse um mal necessário para as partes, não seria bom para o todo que suas partes tendessem a mudar e ser estruturadas para perecer de formas diversas. Então, ou a natureza teria estabelecido como regra ferir suas próprias partes, de tal maneira que fossem propensas ao mal e à necessidade de voltar-se para ele, ou isso tudo acontece sem seu conhecimento? Ambas as suposições não são críveis. E se alguém, abandonando a ideia da natureza, acreditasse que assim foram formadas as coisas, seria ao mesmo tempo ridículo afirmar que as partes do universo são constituídas para mudar, e, também, admirar-se e queixar-se diante da mudança e da dissolução, como se fosse algo contra o curso natural da vida; principalmente porque todas as coisas se dissolvem, tornando-se os elementos a partir dos quais surgiram. Existe uma dispersão dos elementos que formaram uma coisa, ou uma conversão desses elementos, do sólido para a terra, do espiritual para o ar. Assim, tais componentes voltam para o sistema do universo, que passa por uma conflagração periódica, ou renova-se por meio de eternas mudanças. Não penses ter recebido toda a tua matéria terrena e etérea ao nasceres. O todo de tal processo vinha de ontem ou anteontem, da tua comida e do ar que respiraste. Veio desse processo mutante, e não do que tua mãe gerou. E, admitindo que tal processo pode inclinar-te mais na direção do que é individual em tua constituição, ainda assim creio que isso nada altera o que já foi dito.

8. Quando tiveres dentro de ti as palavras bom, modesto, verdadeiro, prudente, equilibrado e magnânimo, não as modifiques e, se perdê-las de vista, busca-as rapidamente de volta. Lembra-te de que prudência significa para ti a observação racional de todas as coisas e a atenção detalhada; e de que a palavra equilibrado é a alegre aceitação do que

está a ti reservado pela natureza universal; de que magnanimidade é a exaltação da parte pensante acima de quaisquer comoções de alegria ou de dor da carne, acima da glória, acima da morte e de todas as coisas similares. Se tu te mantiveres firme em relação a essas palavras, sem vaidade após ouvi-las a teu respeito da boca de outrem, serás um novo homem, e uma nova vida chegará para ti. Se continuares tal como estás até agora, com a mesma vida de distrações e profanações, isso te marcaria como um ser destituído de percepção, que se agarra à vida como aqueles seres já semidevorados, que lutam com feras e que, cobertos de feridas e sangue coagulado, ainda esperam ser preservados até amanhã, para serem novamente atirados com sua desgraça na direção das garras e presas que os laceraram anteriormente. Guarda, então, essas poucas palavras e, se fores capaz de viver com elas e por elas, vive assim, como alguém conduzido às Ilhas dos Abençoados. Porém, se notares que estás cedendo e que não poderás vencer, sê corajoso para isolar-te em algum canto onde possas esperar vencer, ou parte da vida, não com ressentimento, mas com simplicidade, liberdade e modéstia, tendo feito ao menos uma coisa bem na tua vida, deixando-a. Será, portanto, muito útil guardares essas palavras se conseguires lembrar-te de que os deuses não desejam adulações, mas que os seres racionais deveriam crescer de forma semelhante; e, ainda, que uma figueira foi criada para gerar figos, um cão para caçar, uma abelha para colher mel e um homem para fazer seu trabalho.

9. A mímica, a guerra, o pânico, a preguiça, o servilismo eliminarão as máximas sagradas que coletaste observando a natureza e armazenaste em tua mente. Deves olhar e agir em cada situação de maneira que não apenas a tarefa diante de ti seja executada, mas também que a tua capacidade teórica seja exercitada, e a autoconfiança que brota do conhecimento especial, preservada sem ostentação ou afetação. Alcançarás a simplicidade, a dignidade, um perfeito discernimento em cada situação, vendo o que uma coisa realmente é, seu verdadeiro lugar

no universo, quanto tempo durará, qual a sua composição, a quem ela pertence e quem pode tomá-la e levá-la embora?

10. A aranha exulta ao capturar uma mosca; um homem o faz ao capturar uma lebre; outro, por apanhar uma anchova na rede de pesca; outro por ter caçado um javali ou urso; e outro, ainda, por capturar a tribo sármata. Porém, não seriam eles bandidos se examinássemos seus princípios?

11. Aprende um método para perceber como todas as coisas mudam, transformando-se umas nas outras. Segue esta linha da filosofia e exercita-te continuamente. Não há nada mais adequado que isso para cultivar a grandeza da mente. Aquele que age assim já se despiu do corpo e, tendo percebido que partirá em breve do convívio dos homens e deixará todas as coisas terrenas para trás, resigna-se completamente à justiça em todas as suas atitudes e à lei do universo em tudo o mais que acontecer. Quanto ao que qualquer um pensaria ou diria a seu respeito ou contra ele, nem pensa sobre isso, mas contenta-se com duas coisas: fazer com exatidão o que precisa ser feito e amar o que a vida lhe trouxe. Tal homem desfez-se de toda a inquietação e alvoroço, e sua única vontade é manter o caminho reto, segundo a lei, e seguir a Deus, cujo caminho é ainda mais reto.

12. Por que servir-te de hipóteses se está em teu poder considerar o que precisa ser feito? Se perceberes teu caminho, avança com calma, de forma inflexível. Se não o conseguires enxergar, faz uma pausa e pede conselho aos melhores orientadores. Se surgir qualquer outro obstáculo, age com prudência, segundo os meios ao teu alcance, mantendo-te sempre próximo do que parecer justo. É o melhor que poderás fazer, e será um grande fracasso se não fores bem-sucedido. Aquele que segue a razão em tudo é tranquilo, mas sempre está pronto para agir, sempre disposto e sereno.

13. Assim que despertares, pergunta a ti mesmo: “Será importante para ti se o que for justo e bom for executado por outro homem?” Não.

Esqueceu-te de como se comportam essas pessoas arrogantes, que elogiam ou culpam as outras; como são em suas camas e mesas; o que fazem, o que evitam e o que perseguem; como roubam, não com as mãos e pés, mas com suas partes mais valiosas, por meio das quais, se um homem desejar, poderá ganhar fé, modéstia, verdade, lei e um bom espírito condutor?

14. Para a natureza, que dá e tira todas as coisas, o homem bem instruído e modesto dirá: "Dá-me o que quiseres; toma de volta o que quiseres". E ele diz tais palavras não com ostentação, mas movido por total obediência e boa vontade para com a natureza.

15. O que te resta de vida é pouco. Vive como em uma montanha, pois não faz diferença se vivemos aqui ou lá, desde que vivamos como cidadãos em qualquer lugar do mundo. Deixa os homens ver e saber que és um verdadeiro homem, vivendo segundo as leis da natureza. Se não puderem te aguentar, deixa que te matem, pois é melhor morrer a viver como eles vivem.

16. Não fales mais sobre como deveria ser um bom homem; sê um.

17. Pensa constantemente na totalidade do tempo e da existência e que cada coisa isoladamente é, na verdade, uma semente de figo, e, a seu tempo, o giro de um trado.

18. Considera cada coisa ao teu redor como já se desintegrando, em processo de mudança, como se estivesse se corrompendo e dissipando, ou, ainda, que tudo é criado pela natureza para morrer.

19. Que tipo de homens eles são ao comer, dormir, procriar, defecar, entre outras coisas? Pensa neles, então, com um ar superior perto de outrem, inflados de orgulho, bravos ou tecendo julgamentos do alto! De quantos foram eles escravos antes, e por quê? Neste caso, será que não voltarão a ser?

20. O que a natureza universal traz para cada um serve para o proveito de cada um e está à sua disposição assim que a natureza o traz.

21. A terra ama a chuva, e o éter ama o majestoso. O universo ama trazer o que quer que seja. Então, direi ao universo: “Amo o que amas”. Não se diz normalmente que “tal e tal coisa amam acontecer”?

22. Ou estás vivendo aqui tua vida de costume ou estás indo para outro lugar por tua própria escolha, ou, ainda, estás morrendo e teu ofício, encerrando-se. Além dessas coisas, nada mais existe. Sê, então, corajoso.

23. Guarda sempre com clareza para ti próprio: aquela região rural é igual a qualquer outra região. Todas as coisas aqui acontecem como no alto de uma montanha, ou à beira-mar, ou onde quer que estejas. Sempre encontrarás a vida do homem sábio, que, falando como Platão, “aproveita os muros da cidade para pastorear animais nas montanhas”.

24. O que minha alma significa para mim? O que faço dela e com que propósito? Ela é vazia de entendimento? Não está desatada e rasgada da grande comunidade? Ela está colada e misturada com a carne, para seguir cada movimento seu?

25. Quem foge do seu mestre é um fugitivo. Nosso mestre é a lei, e quem a desobedece é um fugitivo, assim como aquele que, por meio do sofrimento, da raiva ou do medo, não aceitar algo que tenha ocorrido, esteja ocorrendo ou ocorrerá, no curso das coisas predestinadas pelo poder que a tudo comanda, que é a lei, entregando a cada homem o que lhe é adequado. Então, aquele que está temeroso, angustiado ou enraivecido é um fugitivo.

26. Aquele que coloca uma semente em um ventre se afasta; outra força assume o comando e atua, completando a formação da criança. Como é maravilhoso o resultado de tal princípio! A criança, novamente, recebe a comida por sua garganta; outra força assume o comando e transforma tal gesto em uma sensação, um movimento, uma palavra, em vida e força, entre outras coisas, inúmeras e surpreendentes! Pensa em tais processos acontecendo de forma oculta e percebe o poder que os

produz, assim como percebemos a gravidade e a levitação dos corpos; não com os olhos, mas nem por isso com menos clareza.

27. Reflete sempre que tudo o que está acontecendo agora aconteceu exatamente da mesma maneira antes. Pensa que o mesmo acontecerá novamente. Coloca diante dos teus olhos tudo o que sabes com base na tua própria experiência ou na história antiga; dramas e cenas, tudo similar; assim como a corte inteira de Adriano, Antonino, Filipe, Alexandre, Creso. Todas foram similares, somente as pessoas mudaram.

28. Imagina cada pessoa sofrendo ou irritando-se sobre qualquer coisa como um porco no sacrifício, que chuta e grita sob a faca. Assim, também, é aquele que, sentado em seu sofá, lamenta-se em silêncio, sozinho, pensando que estamos todos presos aos nossos destinos. Apenas o ser racional tem a capacidade de submeter-se por vontade própria ao que acontece; a mera submissão é, acima de tudo, uma necessidade.

29. Olha atentamente cada coisa que fazes e pergunta a ti próprio se a morte é horrível por privar-te disso.

30. Quando te sentires aborrecido pela falha de outro, volta-te para ti mesmo e pensa qual falha similar cometeste. Apreciar as boas coisas, dinheiro, prazeres, um pouco de glória, ou coisas similares. Fixando tua atenção nisso, esquecerás rapidamente tua raiva, principalmente se perceberes que a pessoa age por compulsão e não conseguiria agir de outra maneira. Se estiver ao teu alcance, liberta-a de tal compulsão.

31. Quando vires Satírio, o socrático, pensa em Eutíques ou Hímen; quando vires Eufrates, pensa em Eutíquio ou Silvano. Ao contemplares Alcífron, pensa em Tropaióforo; e, quando vires Xenofonte, pensa em Críton ou Severo. Quando olhares para ti mesmo, pensa em qualquer um dos césares e todos os homens assim. Pensa, então, onde eles estão agora. Em lugar nenhum, ou quem pode garantir? Assim, verás que todas as coisas humanas são como fumaça e vazio, principalmente se pensares que o que foi modificado jamais existirá novamente por toda a eternidade. Por que, então, preocupar-se? E por que não te basta

viver teus poucos dias de maneira sábia e bem ordenada? Que matéria, que fundamento filosófico estás marginalizando? Todas as coisas terrenas não passam de exercícios para o poder racional quando ele tiver visto tudo o que acontece na vida em detalhes e em sua ordem natural. Suporta até que tenhas assimilado todos esses ensinamentos, como um estômago forte digere cada tipo de comida, como um fogo intenso transforma qualquer coisa em chama e brilho.

32. Não deixes que outra pessoa seja capaz de dizer de ti com verdade que não és simples, íntegro e bondoso. Entretanto, se ela tiver tal opinião sobre ti, que se prove que ela está enganada. Isso está ao teu alcance, afinal quem poderá impedir-te de ser bom e honesto? Se não puderes ser tal pessoa, cabe a ti optar por não mais viver, e a razão nem te quer vivo neste caso.

33. Sobre o assunto presente, o que mais é significativo fazer ou dizer? O que quer que seja, tens a liberdade de fazê-lo ou dizê-lo. E não encontres desculpas, como se estivesses impedido. Tu não desistirás de lamentar-te, até que tua disposição seja a mesma que é a luxúria para os homens da carne, e que, para ti, é fazer o que é conveniente para a constituição do homem em cada oportunidade que aparecer pelo teu caminho. Deverias considerar como prazer todas as coisas que tens a liberdade de fazer seguindo tua própria e adequada natureza, e tal liberdade tens em todos os lugares. Já um cilindro não pode ir a qualquer lugar por meio dos seus próprios movimentos; nem a água, o fogo, ou qualquer outra coisa governada apenas por uma lei natural, ou por uma alma irracional, já que existem muitas circunstâncias que os restringem e impedem. Entretanto, a razão inteligente pode avançar vencendo cada obstáculo, seguindo o caminho para o qual foi criada e que ela deseja trilhar. Olha para esta facilidade com a qual a razão avança, superando todos os obstáculos, quando o fogo se eleva, a pedra vai para baixo, ou um cilindro rola para baixo numa inclinação, e não procures por mais nada. As outras dificuldades humanas pertencem apenas ao corpo, a

parte sem vida do corpo; ou, ainda, são tais que não o podem ferir, a não ser por meio da opinião ou da rendição da própria razão. Caso contrário, aquele que sofreu tais dificuldades tornar-se-ia imediatamente maléfico. Quanto a todos os outros organismos, quando o infortúnio acontece, o sofredor ficará pior. Porém, sobre esse assunto, pode-se dizer que um homem torna-se melhor e mais louvável fazendo uso correto de suas circunstâncias. Em suma, lembra-te de que nada que não prejudique a cidade prejudica o homem, que é naturalmente cidadão; nada que prejudique a cidade pode prejudicar a lei. Também, o que não prejudica a lei não pode prejudicar nem a cidade nem o cidadão.

34. Para aquele que tem dentro de si os verdadeiros princípios, a menor e mais comum dica basta para mantê-lo livre da dor e do medo. Por exemplo:

Algumas folhas o sopro do vento derruba: a madeira frutuosa
Produz mais entrementes, que na primavera aparecem
Assim, portanto, dos homens termina uma corrida, enquanto
alguém nasce.

Teus filhos são folhas; folhas também são as criaturas que presunçosamente gritam louvores ou maldições; ou aqueles que escarnecem em segredo. Folhas, também, são aqueles que transmitem nossa fama para a posteridade. Todos eles "na primavera aparecem". Então, o sopro do vento as derruba, e a floresta cresce mais para ocupar seus lugares. A brevidade da vida é comum a todas as coisas, e, mesmo assim, tu as evita ou busca, como se fossem eternas. Em breve adormecerás, e, sem demora, outros também prantearão por aquele que carregou teu esquife.

35. O olho saudável deve enxergar tudo o que é visível, e não dizer "Quero verde", como um olho adoentado. A boa audição e o olfato aguçado devem estar prontos para tudo o que puder ser ouvido ou cheirado; e o estômago saudável também deveria estar disposto a receber

todos os tipos de comida, como o moinho faz com tudo o que é criado para moer. O mesmo vale para a mente sã, que deveria estar pronta para todos os acontecimentos. Aquela mente que diz “Poupa meus filhos e deixa os homens aplaudir cada atitude minha” é um olho clamando pelo verde, ou um dente que exige comida macia.

36. Nenhum homem tem o destino tão feliz a ponto de, durante sua morte, não ter pessoas próximas que ficarão satisfeitas com o mal que lhe acomete. Se ele fosse um homem virtuoso e sábio, alguém diria “Finalmente poderei respirar livremente, sem a opressão deste pedagogo. De fato, ele nunca foi duro com nenhum de nós, mas sempre tive a sensação de que ele nos condenava!”. Isso eles diriam sobre um bom homem. Entretanto, no meu próprio caso, quantas razões mais existem para que uma multidão se regozijasse com a minha morte? Pensarás sobre isso quando estiveres morrendo e partirás com menos pesar quando considerares: “Estou deixando uma vida na qual meus parceiros mais próximos, para quem trabalhei, rezei, fiz planos, estão desejando que eu parta, esperando, provavelmente, receber alguma vantagem com a minha morte”. Por que, então, lutar por uma permanência mais longa aqui? Mesmo assim, deves despedir-se deles da melhor maneira. Preserva teu próprio caráter, mantém com eles o comportamento amigo, benevolente, cortês. Em contrapartida, despede-te dos teus companheiros não como quem está sendo separado com sofrimento, mas deixa a tua partida ser como a de alguém que tem uma morte fácil, cuja alma é suavemente libertada do corpo. A natureza teceu e cimentou tua vida perto dos teus companheiros, mas agora ela deles te separa. Eu parto, então, como saio dos relacionamentos, sem relutar, mas de forma desembaraçada, pois a morte também age segundo a natureza.

37. Acostuma-te o máximo que puderes, quando alguém tomar alguma atitude, a considerar apenas com que objetivo esta pessoa está agindo. Porém, começa em casa e examina a ti mesmo primeiro.

38. Quem comanda os movimentos da marionete é o princípio interno que não aparece. É o eloquente, o que produz a vida e que é o ser humano. Em tua imaginação, nunca confundas tal princípio com o recipiente terreno e os pequenos órgãos a ele conectados. Excetuando-se que crescem em nós, são como o machado do carpinteiro, já que, sem o princípio do movimento e da contenção, nenhuma dessas partes isoladamente é de grande utilidade, como a lançadeira para a tecelã, a caneta para o escritor ou o chicote para o cocheiro de biga.

Fim do Décimo Livro

Livro XI

1. Eis as características da alma racional: ela olha para si mesma; ajusta-se; produz-se conforme sua vontade; o fruto que ela gera ela mesma aproveita, ao passo que os produtos das plantas e dos animas são consumidos por terceiros. Alcança seu objetivo individual, onde quer que a vida se encerre. Numa coreografia ou interpretação, qualquer interrupção estraga a integralidade da ação completa. O mesmo não ocorre com a alma racional. Qualquer que seja o momento de sua ação, ou onde quer que ela seja dominada pela morte, ela completará seu papel com autossuficiência, de forma que possa dizer "Recebi o que me pertence". Além disso, ela alcança o universo inteiro e o vazio que o circunda, e discerne seu plano. Ela avança pela eternidade ilimitada e alcança a regeneração periódica de todas as coisas, vendo e compreendendo que aqueles que vêm depois de nós não verão nada novo, assim como os que vieram antes não viram, nem nós. Um homem de quarenta anos que tenha algum conhecimento viu, de certa maneira, em função da uniformidade das coisas, tudo o que já existiu e o que virá. Outras características da alma racional são: amor por todos, verdade,

modéstia e respeito por si acima de todas as coisas, que também é característico da lei geral. Assim, não há disparidade entre a razão reta e a razão da justiça.

2. Não darás muito valor a uma bela música, uma dança ou uma apresentação de ginástica se analisares a melodia segundo suas notas isoladas e perguntares a ti próprio se algum deles te impressionou. Sentirás vergonha ao reconhecer. O mesmo acontecerá se analisares a dança olhando seus movimentos e poses separadamente e se fizeres o mesmo no caso da apresentação de ginástica. Então, de maneira geral, exceto no que diz respeito à virtude e à ação virtuosa, lembra-te de voltar às partes constituintes das coisas e, ao dissecá-las, desprezá-las. Pratica o mesmo com a vida como um todo.

3. Como é feliz a alma que está pronta para partir do corpo quando deve, extinguindo-se ou dispersando-se! Entretanto, que tal prontidão venha do julgamento individual, não da simples obstinação, como ocorre com os cristãos, mas deliberadamente, com dignidade e sem um ar afetado de tragédia, de maneira que os outros possam ser conduzidos à mesma predisposição.

4. Fui útil para o bem comum? Isso já não seria, em si, o meu proveito? Mantém tal pensamento sempre contigo e não desiste dele.

5. Qual é a tua arte? Fazer o bem. E de que outra maneira podes conseguir tal resultado, senão com base nos princípios gerais da natureza como um todo e na constituição do homem em particular?

6. Primeiro, a arte da representação da tragédia surgiu para lembrar-nos de que alguns eventos acontecem e estão fadados a acontecer exatamente desta maneira; e para ensinar-nos que o que nos distrai no palco não deveria nos prejudicar no grande palco do mundo. Vês que tais coisas precisam ser feitas e que aqueles que se passam pelos dramas são os que gritam "Ó, Cíteron!". Nossos poetas trágicos disseram coisas excelentes, principalmente as que se seguem:

"Se os deuses negligenciarem a mim e meus filhos, isso também tem sua razão."

E a outra:

"É vã a irritação com tudo o que é externo".

Ainda:

"Colher nossas vidas como uma rica espiga de milho".

Entre outras similares.

Depois da tragédia, veio a comédia antiga, empregando a liberdade de discurso de um professor e a linguagem em sua plenitude com grande vantagem em inculcar o dever da humildade. Para tal fim, Diógenes utilizou um método muito similar. Considera a seguir a natureza da comédia mediana e, por fim, foi lançada a comédia nova, que gradativamente transformou-se na simples ingenuidade do mimetismo artificial. Sabe-se que algumas coisas úteis foram ditas pelos escritores da comédia nova, mas que objetivo útil tinham eles em vista de toda a sua poesia e encenação acumuladas?

7. Com que clareza percebes que nenhum outro rumo de vida foi mais adaptado à prática da filosofia do que este que agora segues?

8. Um ramo cortado de um galho deverá necessariamente ser cortado da árvore inteira. Assim é o homem que, separado de qualquer companheiro, distanciou-se da comunidade inteira. Um ramo é cortado por outra pessoa, mas o homem, por sua própria ação, separa-se do seu vizinho por meio do ódio e da aversão, ignorando ter-se assim distanciado dos integrantes da política universal. Porém, Zeus, fundador da comunidade, deu-nos um bom presente, e cabe a nós sermos reintegrados aos nossos semelhantes e tornarmo-nos, mais uma vez, partes naturais que completam o todo. Mas as frequentes separações dificultam cada vez mais a reunião e restauração do integrante isolado. Em geral, um ramo que se desenvolveu desde o início a partir da árvore, mantendo-se sua parte integrante viva, não é igual ao que foi cortado e

está sendo enxertado. Como diriam os jardineiros, cresceram no mesmo lugar, mas têm um gênero diferente.

9. Assim como aqueles que se opõem a ti na direção da razão reta não têm poder para tirar-te do teu caminho de ações sãs, não deixes que eles te desviem de uma atitude generosa para com eles. Fica atento para manteres um julgamento e uma atitude estáveis e também com humildade para com aqueles que te obstruem ou incomodam. Também é uma fraqueza ficares aborrecido com eles ou abrires mão da atitude e submeter-te à derrota. Ambos são desertores: aquele que foge e aquele que se recusa a assistir os amigos e parentes.

10. A natureza não pode ser inferior à arte. As artes nada mais são que reproduções da natureza. Então, a natureza, que é a mais perfeita e abrangente de todos, não pode ser inferior à melhor habilidade artística. Entretanto, todas as artes utilizam materiais inferiores para propósitos elevados, assim como o faz a natureza universal. Daí a origem da justiça, da qual, mais uma vez, brotam as outras virtudes. A justiça não poderá ser preservada se formos solícitos em relação a coisas indiferentes, se formos enganados com facilidade, irritadiços e inconstantes.

11. Se o seguir e o evitar o que te incomoda não te alcançam, mas se tu vais até eles, deixa, então, teu julgamento em paz em relação a essas coisas, que ficarão imóveis, e não mais serás visto seguindo-as ou evitando-as.

12. A esfera da alma atinge sua forma perfeita quando nem se expande na direção do que está no exterior nem se contrai na direção do que está no interior. Ela não encolhe nem aumenta, mas brilha com um esplendor a partir do qual percebe a verdade de todas as coisas, tanto do exterior quanto do interior.

13. Alguém me despreza? Deixo-o com isso. Trato de não fazer ou dizer nada que justifique seu desprezo. Alguém me odeia? Problema dele. Devo ser gentil e bondoso para com todos e estar disposto a desconsiderar o erro daquele que me odeia, não com o objetivo de repreendê-lo, ou para exibir minha paciência, mas com legítima bondade, como Fócio, se

é que ele foi sincero. Teu caráter interno deve ser tal que os deuses não te vejam irado ou reclamando de nada. Que mal te faz agir segundo a tua natureza e aceitar o que é propício para a natureza do universo, tu, que és o ser com a missão de executar algumas tarefas para o bem comum?

14. Embora sintam desprezo, agradam uns aos outros. Embora desejem superar-se, bajulam-se.

15. Como soa putrefato e insincero aquele que diz "Quero tratar-te com franqueza". "O que fazes?" Não há necessidade de tal introito, o assunto será revelado por si. Deve estar escrito na tua testa com clareza. O caráter de uma pessoa deveria mostrar-se nitidamente em seus olhos, assim como a pessoa amada o vê no olhar daqueles que a amam. O bom homem franco deveria ser como aquele que cheira mal e pode ser reconhecido por quem passar, assim que estiverem próximos, mesmo que não se conheçam. A ostentação da franqueza é a faca sob o manto. Nada é mais vil que a amizade insincera. Evita-a acima de todas as coisas. O homem bom, sincero, gentil mostra todas essas qualidades em seu olhar, sem margem para erros.

16. Viver a melhor vida possível está ao alcance da alma, se ela é indiferente ao que é indiferente. E ela será indiferente se olhares para tais coisas isolada e completamente com discernimento, lembrando-te de que nenhuma delas é capaz de impor uma opinião sobre si, nem pode vir por sua vontade até nós. As coisas permanecem imóveis no exterior, e nós é que formamos opiniões sobre elas no nosso interior e escrevemos tais opiniões em nossos corações. Podemos evitar escrevê-las, ou, se alguém delas estiver inconsciente, podemos imediatamente eliminá-las. Tal vigilância só será necessária por pouco tempo e, então, a vida cessará. Quanto ao resto, por que deveríamos continuar a considerá-lo difícil? Se estiver de acordo com a natureza, alegra-te e tudo ficará mais fácil para ti. Se for contrário à natureza, busca o que se adéqua à tua natureza e siga-o rigorosamente, mesmo que não haja glória, pois todos serão perdoados por buscar seu próprio bem.

17. Presta atenção na origem de cada coisa, do que é feita, de que maneira será transformada, como será após tal transformação, sem que nenhum mal lhe acometa.

18. Sobre os que me ofendem, considerarei:

Primeiro: de que maneira relaciono-me com a humanidade; que somos feitos uns para os outros; e que, em relação a outras coisas, fui incumbido de ter o comando sobre elas, como se liderasse um rebanho, como um touro chefia o rebanho. Vai ainda mais longe no teu raciocínio: ou existe um império de átomos ou uma natureza inteligente que tudo governa. No último caso, os seres inferiores são criados para os superiores, e estes, por sua vez, uns para os outros.

Segundo: pensa em que tipo de homens são quando estão à mesa, na cama ou em qualquer outro lugar. Reflete, principalmente, sobre a quais princípios eles se agarram e com quanta arrogância os cumprem.

Terceiro: se agirem corretamente, não deveremos nos preocupar. Se não for o caso, estarão se comportando assim involuntariamente e sem saber, já que nenhuma alma, conscientemente, ficará desprovida da verdade ou da habilidade de tratar cada ser humano como ele merece. Os homens sofrem por serem considerados injustos, ingratos, gananciosos, em resumo, pecadores em relação aos seus semelhantes.

Quarto: Tu também pecas com frequência e não és melhor que ninguém. Caso te abstenhas de alguns pecados, ainda assim estás disposto a cometê-los, mas, mesmo que de forma covarde, com receio em relação ao teu caráter ou outra torpeza, não pecas.

Quinto: Nem podes ter certeza de que algum mal foi feito, pois muitas coisas têm justificativas. De maneira geral, é preciso ter aprendido muito antes de falar com absoluta convicção sobre o comportamento alheio.

Sexto: quando estiveres irritado ou muito preocupado, lembra-te de que a vida dura apenas um instante e de que, muito em breve, todos estaremos mortos.

Sétimo: não são as atitudes alheias que nos incomodam. Suas ações residem em suas almas. Nossas próprias opiniões nos aborrecem. Assim, livremo-nos delas. Se não alimentarmos pensamentos calamitosos, não sentiremos raiva. Porém, como eliminá-los? Pensando que não existe desonra, pois, se não pensares que somente a desonra é má, realmente cometerás muitos crimes, poderás tornar-te um ladrão ou qualquer tipo de criminoso.

Oitavo: sofremos males originados da raiva e do pesar sobre determinadas coisas, muito piores do que as próprias paixões que os originaram.

Nono: a humildade é invencível se é genuína, sem afetações ou hipocrisia. O que pode provocar em ti o homem mais insolente se insistires na civilidade para com ele e, se a ocasião permitir, avisá-lo gentil e deliberadamente, mostrar-lhe a melhor maneira naquele exato momento em que ele estiver empenhado em prejudicar-te? "Não, meu filho, nascemos para algo melhor. Nenhum mal pode me atingir; fazes mal a ti próprio, meu filho". Mostra-lhe delicadamente e de modo geral quais são os fatos, que as abelhas e outros animais gregários não agem como ele. Porém, isso deve ser feito sem ironias ou censuras, mas com gentileza e amabilidade, sem amargor, não como se estivesses ensinando uma lição ou buscando admiração de qualquer pessoa próxima, mas como se desejasses que somente ele ouvisse tuas observações, embora outras pessoas possam estar presentes.

Lembra-te dessas nove regras como presentes recebidos das Musas e começa agora a ser humano pelo resto da tua vida. Fica atento também para não ficares encolerizado com os outros ou adulá-los. Ambas as atitudes são antissociais e resultam em danos. Quando sentires raiva, lembra-te de que a fúria não é prova de masculinidade, mas que a brandura e a gentileza, por serem atitudes mais humanas, também são mais valorosas. A força, o vigor e a coragem são partes do ser brando e gentil, e não do ser irascível e impaciente. Quanto mais perto a pessoa estiver de ser liberta das paixões, mais próxima estará da força. Alguém fraco sofrendo é como alguém fraco com raiva. Ambos estão feridos e recuam.

Se quiseres um décimo presente, do Líder das Musas, ei-lo: esperar que a má pessoa não peque é loucura, é acreditar no impossível. Entretanto, permitir que ela prejudique outras pessoas e proibir que prejudique a ti é loucura e tirania.

19. Existem quatro estados da alma contra os quais deves estar constante e especialmente atento e que, quando detectados, deveriam ser eliminados com as seguintes palavras: "Este pensamento é desnecessário e tende para a dissolução social. Não dirias tais coisas do fundo do teu coração e deves considerar como a mais absurda conduta não dizer as coisas que não vêm do coração. Quarta: o que quer que cause autocensura é um excesso de poder ou uma submissão da parte mais divina dentro de ti à parte mortal e menos nobre, o corpo, e às suas piores tendências".

20. As partes seriais e ígneas que te compõem, embora sejam propensas a movimentos ascendentes, obedecem à lei geral do universo e são retidas aqui embaixo nesse composto. Tuas partes terrenas e úmidas, embora propensas a movimentos descendentes, ficam onde estão, embora não seja sua situação natural. Assim, os elementos, onde quer que o poder superior os tenha colocado, obedecem ao todo, aguardando até que o sinal para sua dissolução soe novamente. Não seria penoso se apenas a parte intelectual fosse desobediente e descontente com suas atribuições? Nada de violento lhe é feito, nada imposto que seja contrário à sua natureza. Mesmo assim, ela é impaciente e tende a opor-se. Na verdade, todas as suas tendências à injustiça, devassidão, fúria, mágoas e medos são afastamentos da natureza. E, quando a alma se lamenta em relação a qualquer evento específico, está abandonando sua posição delimitada. Ela foi feita para a santidade e piedade para com Deus, assim como para a justiça. As últimas são derivadas da bondade social e até mais veneráveis que a prática da justiça.

21. Aquele cuja função na vida nem sempre é delimitada e fixa não pode ser delimitado e único ao longo de sua vida toda. Entretanto, ter uma única missão não é suficiente, a não ser que também consideres qual seria. Não existe um acordo quanto às opiniões em relação a todas as coisas reconhecidas como boas pela maioria, apenas quanto ao fato de algumas serem de utilidade pública. Portanto, teu objetivo deveria ser social e político, já que somente aquele que direciona todos os seus objetivos pessoais para tal fim pode alcançar uma linha de conduta uniforme, sendo, assim, sempre a mesma pessoa.

22. Lembra-te do rato da montanha e do rato da cidade e de como o último temia e tremia.

23. Sócrates chamava as máximas dos *hobgoblins*[3] comuns de espectros para assustar as crianças.

24. Em seus espetáculos públicos, os espartanos colocavam à sombra os assentos dos estrangeiros e sentavam-se onde encontrassem lugar.

25. Sócrates deu a seguinte desculpa para não aceitar um convite para visitar Perdicas: "Com receio de ser vítima da pior morte possível, recebendo favores que não poderia retribuir".

26. Nos escritos dos efésios, há um preceito para lembrar com frequência alguns daqueles que cultivaram a virtude dos antigos.

27. Os pitagóricos recomendavam que olhássemos para os céus pela manhã, para que nos lembrássemos de seres que seguem executando o trabalho a eles indicado de maneira uniforme e contínua, além de sua ordem, pureza e de sua simplicidade nua, já que não existe véu que cubra uma estrela.

28. Pensa em Sócrates vestido com um manto simples, quando Xantipa levou sua capa e partiu, e no que ele disse aos amigos que ficaram envergonhados e afastaram-se ao verem-no coberto de maneira tão singular.

3 Criatura do folclore germânico, um "espírito da lareira". Pode ser um cão, coelho ou outro animal de estimação amigo ou divertido.

29. Para escrever e ler, é preciso aprender antes de ensinar. No que diz respeito a muitas coisas da vida, vale o mesmo.

30. Se fores um escravo, teu discurso não será livre.

31. E meu coração regozijou-se.

32. Eles culpam a virtude com as palavras mais rudes.

33. É loucura procurar por figos no inverno, assim como desejar uma criança que pode já não ser mais tua.

34. Epicteto dizia que, ao beijar teu filho, deves sussurrar para ti próprio: "Amanhã ele pode morrer. Isso é mau presságio!". "As palavras não possuem maus presságios, apenas indicam uma ação da natureza. Seria um mau presságio afirmar que o milho foi ceifado?"

35. Uva verde, cacho de uva, uva-passa, todas são transformações, não para o nada, mas para o que ainda não é.

36. Ninguém pode apropriar-se da tua liberdade de ação, como disse Epicteto.

37. Ele também nos diz que precisamos encontrar a verdadeira arte de aquiescer, e, ao tratarmos nossos impulsos, afirma que devemos estar atentos para restringi-los, para que sejam efetivados com as reservas adequadas, atendendo ao interesse comum, com senso de proporção. Também diz que deveríamos anular a paixão sensual e não ser indóceis quanto a assuntos fora do nosso controle.

38. Segundo ele, a contenção não está relacionada a qualquer questão de oportunidade, mas ao fato de sermos loucos ou sãos.

39. Sócrates dizia: "O que desejais? Ter as almas de seres racionais ou irracionais? Racionais. Racionais de que espécie, virtuosos ou malévolos? Virtuosos. Então, por que não buscais tais almas? Porque nós já as temos. Então, por que brigam e discordam?".

Fim do Décimo Primeiro Livro

Livro XII

1. Tudo o que desejas procurar por caminhos sinuosos já é teu, basta pegá-lo, se abandonares tudo o que fizer parte do passado, entregares teu futuro à Providência e viveres o presente com devoção e justiça. Com devoção, para que ames o que a ti foi atribuído, pois a natureza te deu e tu deste a ela. Com justiça, para que possas dizer a verdade sem restrições ou logros, e que faças o que for correto e adequado. Que não sejas obstruído pelas fraquezas de outrem, por suas opiniões, seus discursos ou por qualquer sensação que venha deste pobre corpo que te envolve, pois a parte envolvida irá avaliar isso. Agora que estás perto da tua saída, deixando para trás todas as outras coisas, reverenciarás somente a tua parte condutora, o divino espírito dentro de ti. Se parares de temer o fim da vida e passares a temer a perda do início da vida segundo a natureza, serás digno do universo ordenado que te criou. Não mais serás um estrangeiro em teu próprio país, boquiaberto com cada acontecimento diário, surpreendido por uma ou outra besteira.

2. Deus olha para todas as almas nuas, libertadas desses invólucros corpóreos, cascas ou resíduos. Com Sua inteligência, Ele toca apenas o que foi por ele instilado e d'Ele emanado. Se pudesses apenas fazer o mesmo,

ficarias liberto de muitos tormentos. Aquele que não observa a carne que nos circunda não desperdiçará seu tempo pensando sobre vestimentas, moradia ou fama, ou, ainda, qualquer outro elemento externo ou adorno.

3. És formado por três elementos: corpo, alma e inteligência. Os dois primeiros só são teus se deles cuidares. Somente o terceiro é realmente teu, e, se afastares de ti, ou seja, da tua mente, tudo o que os outros disserem ou fizerem, tudo o que tu próprio disseste ou fizeste, todos os teus temores em relação ao futuro, ao desenrolar de tudo o que acontece com o corpo que te envolve e de tua alma congênita, e tudo o que forma o turbilhão do vórtice que se agita na parte exterior, de maneira que teu poder intelectual, purificado e superior aos acasos do destino, possa viver sua própria vida em liberdade, justo, resignado, verdadeiro – se, repito, libertares da tua alma todo tipo de apego excessivo ao passado ou ao futuro, então, segundo as palavras de Empédocles, tu serás

Uma esfera perfeitamente redonda, exultante, em descanso eterno.

Estudarás para viver a única vida que existe para ser vivida, no presente, e poderás, até a chegada da morte, passar o que te resta para viver com nobre tranquilidade, em paz com o espírito que habita teu interior.

4. Frequentemente, indaguei como seria possível que o ser humano ame a si próprio mais que ao próximo e, mesmo assim, sua opinião a seu respeito é inferior à que tem dos outros. Entretanto, se um Deus ou mestre sábio ordenasse que ele não criasse nada que não proclamasse assim que lhe ocorresse, ele não suportaria tal provação nem mesmo por um dia. Assim, respeitamos mais a opinião do nosso vizinho em relação a nós do que a nossa.

5. Como é possível que os deuses, criadores de todas as coisas para benefício do ser humano, tenham negligenciado apenas uma coisa: que alguns dos melhores seres, com as mais próximas ligações com o divino, tendo executado as tarefas mais virtuosas e religiosas, muito

próximos da divindade, quando mortos, não mais voltem a viver e sejam totalmente extintos? Se assim for, podes ter certeza de que, se pudesse ser de outra maneira, eles teriam feito assim. Se fosse justo, teria sido posto em prática; caso seguisse as diretrizes da natureza, esta teria feito assim. Se realmente não puder ser assim, acredita que não haveria necessidade de ser de outra maneira. Observa que, nesta reflexão sobre o assunto, estás pleiteando justiça para os deuses. Entretanto, nada pleitearíamos aos deuses se não fossem bondosos e justos. E, se são assim, não terão deixado de forma negligente nada injusto ou irracional em sua administração.

6. Faz um esforço até mesmo com tarefas que te desesperas para executar. A mão esquerda, que tem pouca utilidade por falta de hábito de uso, ainda assim segura as rédeas com mais firmeza que a direita, por ter experiência em tal função.

7. Reflete sobre como a morte te encontrará, tanto corpo como alma. Pensa no quão curta é a vida, nas eternidades antes e depois e na fragilidade de todas as coisas.

8. Contempla as causas fundamentais despidas de disfarces. Pensa nos significados da dor, do prazer, da morte e da fama. Considera quantos deles são as causas de toda a inquietude das quais padecem os seres humanos; como nenhum homem deve ser um estorvo para o outro; como tudo é uma questão de opinião.

9. Ao fazermos uso dos princípios, deveríamos ser como o pugilista, e não como o espadachim, pois, quando o último solta a espada, está acabado. Porém, o primeiro tem sempre as mãos à sua disposição e só precisa utilizá-las.

10. Avalia bem a natureza das coisas, diferenciando a matéria, a causa e o propósito.

11. Como é glorioso o poder conferido ao homem de nunca agir de maneira que Deus não aprove e de receber com alegria o que quer que Deus tenha reservado para ele!

12. Quanto ao que acontece naturalmente, os deuses não devem ser responsabilizados. Eles nunca cometem erros, voluntária ou involuntariamente. Portanto, ninguém deve ser culpado.

13. Como é ridículo e estranho aquele que se surpreende com qualquer acontecimento da vida!

14. Ou existe uma necessidade fatal, uma ordem invariável, ou uma Providência aplacável, ou, ainda, uma confusão ao acaso, sem direção. Se há uma necessidade imutável, por que lutar contra ela? Se há uma Providência que aceite a conciliação, é preciso que te faças merecedor de tal auxílio divino. Se há uma confusão ao acaso, conforta-te, vendo que, em meio a tal tempestade, tens dentro de ti uma inteligência que te conduz. Caso a onda te leve embora, deixa que ela arraste a carcaça e a vida animal, pois tua porção intelectual ela não levará.

15. Se a luz de uma lamparina brilhar e não se apagar até ser extinta, que a verdade, a justiça e a moderação sejam eliminadas em ti antes da tua própria destruição.

16. Quando acreditares que alguém pecou, pergunta a ti mesmo se tens certeza de que é um pecado. Se for, reflete que a pessoa já condenou a si mesma, como se houvesse dilacerado o próprio rosto.

Aquele que espera que as más pessoas não cometam maldades é como aquele que não compreende que a figueira leve sua seiva para seus figos, que as crianças chorem, que os cavalos relinchem, entre outras coisas inevitáveis. O que deveria fazer o homem de má índole, já que tem uma disposição para o mal? Se és tão perspicaz, cura-o.

17. Se alguma coisa não deve ser feita, não faças; se não é verdadeira, não a digas.

18. Esforça-te sempre para ver em cada coisa o que gera em ti a impressão. Decompõe tal pensamento diferenciando a causa, seu aspecto material, sua ligação com as outras coisas e o período no qual ela deve existir e deixar de fazê-lo.

19. Observa, enfim, que dentro de ti existe algo melhor e mais divino do que a razão imediata das tuas sensações de prazer e dor. Em resumo,

algo que vai além das cordas que movimentam o fantoche. No que penso agora? Sinto medo? Suspeita? Desejo? Qual paixão me domina?

20. Primeiro: não permitas que algo seja feito de forma aleatória ou sem objetivo. Segundo: que teu objetivo seja sempre guiado pelo bem coletivo.

21. Muito em breve, não mais existirás, assim como todas as coisas às quais te apegas ou que hoje existem. Mudar faz parte da natureza de tudo, virar-se em outra direção e se corromper, para que outras coisas possam, por sua vez, brotar a partir das primeiras.

22. Tudo é uma questão de opinião, e esta pertence a ti. Então, se o quiseres, elimina-a e, assim, como alguém que conseguiu chegar a uma baía, terás alcançado a calma e a tranquilidade em qualquer lugar, sem uma onda sequer.

23. Qualquer atividade natural, que cessa em seu tempo oportuno, não padece de nenhum mal por tal interrupção, nem mesmo o agente envolvido em tal ação. O mesmo vale para a sequência completa de ações que formam a vida: se terminar no seu prazo, não será prejudicada por tal fim, o mesmo valendo para quem completa tal prazo. A natureza delimita a ocasião e a duração, às vezes em função de sua essência pessoal, como, a idade avançada, mas é sempre pela natureza do todo que isso acontece, pelo intercâmbio das partes que faz o universo manter-se jovem e no seu auge. O que for benéfico para a natureza do todo será sempre bom e adequado. Assim, o fim da vida não pode ser maléfico para o indivíduo. Não há nisso nenhuma torpeza, já que está além do nosso controle, e não contém nada contrário ao benefício do todo. Na verdade, constitui um bem, já que acontece em seu próprio tempo, com benefícios para o todo, congruente com a ordem universal. Portanto, também é conduzido por Deus aquele que trilha o mesmo caminho que Ele e segue rumo ao mesmo objetivo.

24. Tem sempre estas três coisas em mente. Primeira: quanto às tuas ações, não faças nada impensado, nem de maneira diferente do que faria a própria justiça. Quanto aos eventos externos, ou eles acontecem

ao acaso ou por ordem divina. Nenhum homem deveria disputar com o primeiro ou censurar a última. Segundo: examina o que cada coisa é, desde a sua raiz até seu crescimento; do seu crescimento até sua morte; de que materiais é composta e no que será transformada. Terceiro: se observasses todas as questões humanas do alto, conseguirias diferenciar sua imensa variedade, consciente, ao mesmo tempo, das multidões de habitantes em série e etéreos que nos rodeiam. Porém, se olhasses do alto com frequência, sempre verias as mesmas coisas, todas uniformes e com breve duração. Podemos nos orgulhar disso?

25. "Descarta a opinião e estarás salvo." Quem te impede, assim, de descartá-la?

26. Quando te inquietas com algo, esqueces que tudo acontece segundo as leis naturais do universo e que os erros foram de outrem. Esqueces que o que quer que aconteça já aconteceu e acontecerá e está acontecendo por toda parte agora. Também te esqueces do poder do elo entre qualquer ser humano e a raça humana, um laço que não é feito de sangue e sementes, mas de inteligência comum. Esqueces que a inteligência de cada ser é divina e emana de Deus; que nenhum ser humano é dono de nada: seus filhos, seu corpo, sua vida são de Deus. Esqueces, também, que tudo é uma questão de opinião e que só se pode viver ou perder o momento presente.

27. Relembra-te sempre daqueles que se aborreceram muito com algo, aqueles que se sobressaíram nos extremos da glória ou do infortúnio, em rixas ou outras circunstâncias do acaso. Então, pergunta-te onde eles estão agora. Fumaça, cinzas, uma antiga fábula, ou talvez nem isso. Lembra-te de todos: Fábio Catulino no campo, Lúcio Lupo em seus jardins, Estertino em Baiae, Tibério em Capri, Vélio Rufus e, em resumo, todos aqueles que se destacaram. Quão insignificante é aquilo que foi conquistado com tantos esforços!

E quão melhor se tornou o filósofo revelando-se no mundo material reservado para ele, justo, equilibrado, obediente aos deuses! E tudo isso com simplicidade, pois o mais intolerável de todos é o orgulho da falsa humildade.

28. Àqueles que te perguntarem onde viste os deuses e como tens certeza de que eles existem, já que os adora, responde que, primeiro, eles são visíveis mesmo para os olhos físicos. Não posso ver minha própria alma, mas mesmo assim eu a reverencio. Portanto, no que diz respeito aos deuses, sinto seu poder continuamente, então sei que existem e os adoro.

29. A segurança da vida está em ver a natureza de tudo e diferenciar a matéria e a forma de sua constituição, além de fazer justiça por meio do seu próprio coração e dizer a verdade. O que mais resta a não ser desfrutar a vida, adicionando um bem ao outro, sem desperdiçar o menor intervalo?

30. Existe apenas uma luz do sol, embora ela se espalhe pelas paredes, montanhas e inúmeros objetos. Existe apenas uma substância comum, apesar de dividir-se entre muitos corpos com várias qualidades. Existe apenas uma alma, embora ela seja distribuída entre incontáveis naturezas e formas individuais. Existe apenas um espírito inteligente, embora ele aparente estar dividido. As outras partes desses indivíduos sobre os quais falamos, como o ar e a matéria, são desprovidas de percepção e afeição mútua, porém até elas são unificadas pelo espírito inteligente e gravitam em conjunto. A inteligência, porém, tem uma tendência especial para o que lhe é similar, e a ele se une, e a comunhão de sentimentos continua ligada.

31. Quais são teus desejos? Sobreviver, sentir, desejar? Crescer e deteriorar-te novamente? Falar ou pensar? Dentre todos, qual parece merecedor de ser almejado? E, se cada um deles for desprezível, avança rumo ao último que restou, segue a razão e Deus. É incompatível reverenciá-la e, ao mesmo tempo, sofrer pela perda das outras coisas que a morte acarretará.

32. Quão minúscula é a parte da imensidão sem fim a nós atribuída, que desaparecerá na eternidade! Como é ínfima nossa parcela da

substância e do espírito universais! Em que terra diminuta do universo inteiro rastejamos! Considerando todas essas observações, lembra-te de que nada é grandioso, exceto agires como a natureza te conduzir e resistir ao que quer que ela traga para o teu caminho.

33. Como funciona tua porção condutora? Tudo depende dela. Todas as outras coisas, dentro ou fora de controle, não passam de cadáveres, poeira e fumaça.

34. O que mais te instiga a desprezar a morte é que até aqueles que consideraram o prazer bom e a dor, má, todavia, a desprezaram.

35. A morte não é temida por aquele que considera bom somente o que acontece no momento adequado e que não se importa por ter agido ou não com muita ou pouca constância segundo o momento adequado; por aquele para quem não faz diferença observar o universo por pouco ou muito tempo. A morte desse homem também não é amedrontadora.

36. Ó, homem, viveste como cidadão desta grande cidade! Que diferença faz para ti se foi por cinco ou por três anos? O que a lei traz é justo para todos. Onde, então, está a calamidade se não foste enviado para a cidade por um tirano, ou um juiz injusto, mas, sim, pela própria natureza, que desde o início te introduziu aqui, assim como um pretor que contrata novamente o ator e o dispensa do palco? Tu dirás: "Mas não atuei durante os cinco atos, somente durante três". É verdade, mas, na vida, três atos compõem a peça e quem determina o fim é o mesmo responsável por sua composição inicial e por sua dissolução atual. Não és responsável por nenhum deles. Parte, então, com benevolência, pois aquele que te mandou embora é benevolente.

Fim